Deutsch als Zweitsprache

LinguS 2

LINGUISTIK UND SCHULE

Von der Sprachtheorie zur Unterrichtspraxis

Herausgegeben von
Sandra Döring und Peter Gallmann

Barbara Geist / Andreas Krafft

Deutsch als Zweitsprache

Sprachdidaktik für mehrsprachige Klassen

2., aktualisierte Auflage

narr\f
ranck
e\atte
mpto

Bibliografische Information der Deutschen Nationalbibliothek.
Die Deutsche Nationalbibliothek verzeichnet diese Publikation in der Deutschen Nationalbibliografie; detaillierte bibliografische Daten sind im Internet über http://dnb.dnb.de abrufbar.

2., aktualisierte Auflage 2019
1. Auflage 2017

Dischingerweg 5 · D-72070 Tübingen

Internet: www.narr.de
eMail: info@narr.de

CPI books GmbH, Leck

ISSN 2566-8293
ISBN 978-3-8233-8339-0 (Print)
ISBN 978-3-8233-9339-9 (ePDF)
ISBN 978-3-8233-0189-9 (ePub)

MIX
Papier aus verantwortungsvollen Quellen
FSC® C083411

Für alle Kinder und Jugendlichen mit Deutsch als Zweitsprache,

mit denen wir in Kitas und Schulen zusammenarbeiten dürfen, die uns in unseren Forschungsprojekten einen Einblick in ihre Fähigkeiten im Deutschen ebenso wie in ihren Erstsprachen geben, die unsere Neugierde für ALLE Sprachen, Dialekte und Ethnolekte geweckt haben, die uns in Projekten immer wieder herausfordern und ermuntern, Materialien und Methoden zu entwickeln und zu erproben.

Für unsere Studierenden,

die in unseren Seminaren und Vorlesungen mit reflektierter Neugierde den monolingualen Habitus hinterfragen, mit Wissen und Kreativität einen Beitrag zu einer multilingualen Schule und Gesellschaft leisten, uns mit interessierten und kritischen Rückfragen herausfordern und uns motiviert haben, dieses Buch zu schreiben.

Für unsere Kolleginnen und Kollegen an Schulen und Hochschulen,

die unsere Begeisterung für das Deutsche als Zweitsprache und die Potentiale und Herausforderungen mehrsprachiger Lerngruppen teilen, die unsere Forschung kritisch und konstruktiv durch Rückmeldungen auf Tagungen begleiten, die unsere Texte begutachten und lesen.

Seé – Tack – Natick – Köszönöm – Obrigado – Dalu – Thank you –
Спасúбо –Merci – Gracias –
شكر

DANKE

Vorwort zur 2. Auflage

Mehrsprachigkeit kennzeichnet den Alltag vieler Schülerinnen und Schüler, zählt jedoch außerhalb der Berührungen mit europäischen Fremdsprachen wie Englisch, Französisch und Spanisch nicht zwingend zur Lebenswirklichkeit der Lehrerinnen und Lehrer. Die Sprachen im Klassenzimmer sind vielfältiger als das fremdsprachliche Curriculum des Schulsystems. Viele Schülerinnen und Schüler wachsen nicht ein- oder zwei-, sondern mehrsprachig auf. Sie kommen nicht nur mit den lateinischen Buchstaben, sondern auch mit anderen Schriftsystemen in Berührung. Die Wertschätzung ihrer lebensweltlichen Mehrsprachigkeit ist relevant, jedoch nicht ausreichend. Im Sinne eines gemeinsamen Deutschunterrichts gilt es, eine Sprach- und Literaturdidaktik zu prägen, die der Mehrsprachigkeit grundsätzlich (unabhängig von der individuellen Schülerschaft) Raum gibt. Dieses Buch leistet einen Beitrag zu einer Sprachdidaktik, die Mehrsprachigkeit über alle Kompetenzbereiche konsequent mitdenkt.

Auch im Jahr 2019 sind ausgrenzende Parolen leider nicht zu überhören. Wir möchten mit diesem Buch unterstreichen, dass die deutsche Gesellschaft eine mehrsprachige, durch Migration geprägte Gesellschaft ist. Der Deutschunterricht nimmt eine zentrale Position im Bildungssystem ein, wenn es darum geht, die didaktischen Herausforderungen und Potentiale im Umgang mit lebensweltlicher Mehrsprachigkeit anzunehmen.

Ganz herzlich danken wir Lina Gueter für die Unterstützung bei der Durchsicht und Korrektur sowie allen Studierenden, Kolleginnen und Kollegen, die uns Rückmeldungen zur ersten Auflage gegeben haben und deren Ideen wir in die vorliegende zweite Auflage eingearbeitet haben.

Karlsruhe / Freiburg im Sommer 2019
Barbara Geist und Andreas Krafft

Vorwort zur 1. Auflage

Dieses Buch richtet sich an Studierende, Lehrkräfte an Schulen und Studienseminaren sowie Dozierende an Universitäten und Pädagogischen Hochschulen, die einen Einblick in das Thema *Sprachdidaktik für mehrsprachige Klassen* wünschen. All unsere Erfahrungen mit Kindern und Jugendlichen mit Deutsch als Zweitsprache (DaZ), die wir in unseren Tätigkeiten in Kitas und Schulen sowie in Forschungsprojekten sammeln durften, lassen wir in dieses Buch einfließen.

Mit den Ergebnissen der ersten PISA-Studie 2001 rückte die (vor-)schulische Sprachförderung in den Fokus der Bildungspolitik. Sichtbar wurde hier eine starke Reproduktion von Ungleichheit im deutschen Bildungssystem, die Schülerinnen und Schüler (SuS) mit Migrationshintergrund und solche aus sozioökonomisch benachteiligten Familien in besonderem Maße betrifft. Anstelle einer Defizitperspektive auf Migration und Mehrsprachigkeit ist aus unserer Sicht jedoch eine Sensibilisierung für sprachliche Heterogenität insgesamt und die besonderen Potentiale und Bedürfnisse mehrsprachiger SuS erforderlich. Wir möchten unsere Leser(innen) ermutigen, der Mehrsprachigkeit in ihrer Klasse Raum zu geben, und durch eine entsprechend geprägte Perspektive auf die Sprachdidaktik einen theoretisch begründeten Rahmen für einen gemeinsamen Deutschunterricht mit SuS mit unterschiedlichen Sprachbiographien anbieten. Wir wünschen diesem Buch, dass es Studierenden und (angehenden) Lehrkräften die Planung des Unterrichts für mehrsprachige Klassen erleichtert, ihr Interesse weckt und aufrechterhält.

Wir danken den Studierenden, die uns Rückmeldungen zu einzelnen Kapiteln gegeben und uns auf vielfältige Weise unterstützt haben: Milena Bach, Julia Bartolmäs, Marie Mühlan, Alexandra Rotzinger und Marieke Speller. Besonderer Dank gilt den Kolleginnen und Kollegen, die unseren Schreibprozess mit Lob und konstruktiver Kritik begleitet haben: Johanna Fay, Anne Gärtner, Florian Hiller, Stefan Jeuk, Christina Noack, Marcus Prade, Sibylle Reech, Anke Reichardt, Susanne Riegler und Romina Schmidt, sowie den Herausgebern Sandra Döring und Peter Gallmann und unserer Lektorin Valeska Lembke.

Karlsruhe / Leipzig / Freiburg im Sommer 2017
Barbara Geist und Andreas Krafft

Inhalt

Lösungsvorschläge zu den Aufgaben sind abrufbar unter www.meta.narr.de/9783823383390/Loesungen.pdf

1 Einleitung

> Wenn man davon spricht, dass Kinder mit Migrationshintergrund im deutschen Bildungssystem versagen, dann verkehrt man die Tatsachen. Die Kinder entwickeln sich völlig normal im Rahmen dessen, wie sich einsprachig deutsche Altersgenossen auch entwickeln. Es ist aber das Bildungssystem, das versagt, indem es nicht auf die Situation und die Möglichkeiten der Kinder Bezug nimmt, und auf diese Weise viele „Probleme" erst erzeugt. (Becker 2013: 241)

Die Kritik an einem (Deutsch-)Unterricht, der an der mehrsprachigen Lebenswelt vieler Kinder und Jugendlicher vorbeigeht und einem „monolingualen Habitus" (Gogolin 1994) verhaftet bleibt, hat nicht an Aktualität verloren. Bereits vor 2015, als 890 000 Menschen in Deutschland Asyl suchten, lebten wir in einer mehrsprachigen Gesellschaft. Unabhängig davon, wie Kinder und Jugendliche in den ersten Monaten nach ihrer Migration beschult werden, ist das Ziel ein gemeinsamer Unterricht *aller* Kinder. Wie aber kann ein (Deutsch-)Unterricht gestaltet sein, der auch SuS mit DaZ, ihren individuellen Fähigkeiten und ihren Kompetenzen in anderen Sprachen, gerecht wird – unabhängig davon, ob sie in Deutschland geboren, vor mehreren Jahren oder vor Kurzem migriert sind? Wie muss ein Unterricht gestaltet sein, der sowohl die Fähigkeiten als auch die Schwierigkeiten von SuS mit DaZ – wie Becker (2013) einfordert – berücksichtigt?

Bevor diesen Fragen für die fünf Arbeitsgebiete des Sprachunterrichts *Sprechen und Zuhören, Lesen, Richtig schreiben, Texte schreiben* und *Sprachreflexion* nachgegangen wird, sollen im Folgenden einige grundsätzliche Punkte angesprochen werden: Mit dem Fokus auf SuS mit DaZ ist, in Ermangelung von Studien zu DaZ und Bildung, der Zusammenhang von Migration und Bildung (Kap. 1.1), zu dem umfangreiche Studien vorliegen, zentral. Die SuS mit DaZ eint das große Potential ihrer Mehrsprachigkeit (Kap. 1.2), welche jedoch leider bislang häufig mehr als Risikofaktor denn als Ressource gesehen wird. In Kapitel 1.3 wird in den Zweitspracherwerb in Abgrenzung von anderen Spracherwerbstypen eingeführt; anschließend wird die Bedeutung eines gemeinsamen Unterrichts *aller* SuS betont (Kap. 1.4). Zuletzt wird unter 1.5 der Aufbau des Buches erläutert.

1.1 Migration und Bildung

Sinnvoll wäre es an dieser Stelle, speziell auf SuS mit DaZ im Unterschied zu solchen mit Deutsch als Erstsprache (DaE) einzugehen und differenzierte Informationen zur Kontaktdauer zur Zweitsprache (L2) oder zum Alter bei Erwerbsbeginn anzugeben. Hintergrundvariable in Schulleistungsstudien und den aktuellen Bildungsberichten ist jedoch nicht die Sprachbiographie der Kinder und Jugendlichen, sondern der Migrationshintergrund. Zwar besteht eine große Schnittmenge zwischen SuS mit DaZ und solchen mit Migrationshintergrund. Jedoch ist klar, dass einerseits SuS mit Migrationshintergrund das Deutsche nicht zwingend als L2, sondern bereits als (eine) Erstsprache (L1) erwerben können, dass es andererseits aber auch SuS mit DaZ gibt, die keinen Migrationshintergrund[1] haben, die also beispielsweise einer der in Deutschland vorkommenden sprachlichen Minderheiten angehören oder die (Ur-) Großeltern haben, die nach Deutschland eingewandert sind. Aussagen über Bildungserfolge oder Kompetenzen sind daher nur für SuS mit Migrationshintergrund im Vergleich zu SuS ohne Migrationshintergrund möglich:

Im Jahr 2010 stammte mehr als ein Drittel der in Deutschland geborenen Einjährigen aus Familien mit Migrationshintergrund. In Großstädten wie Augsburg, Hamburg oder Duisburg betrifft dies mehr als 50 % der Kinder eines Geburtsjahrgangs (Brandt / Gogolin 2016). Der Anteil an Kindern und Jugendlichen mit Migrationshintergrund unter 15 Jahren lag 2013 bei mehr als 42 % (Statistisches Bundesamt 2014: Mikrozensus 2013). Prägend für diese Gruppe ist unter anderem, dass Eltern mit Migrationshintergrund häufiger keinen Schul- bzw. Berufsabschluss haben bzw. ihre schulische Ausbildung häufiger nach der Grundschule endete (6–12 %) als Eltern ohne Migrationshintergrund (rund 1 %), die durchschnittlich über höhere Bildungsabschlüsse verfügen als Eltern mit Migrationshintergrund. Neben einer geringeren Qualifikation der Eltern sind Kinder und Jugendliche mit Migrationshintergrund deutlich häufiger auch von anderen Risikolagen betroffen, die den Bildungserfolg gefährden können, wie Erwerbslosigkeit der Eltern und geringes Einkommen (Bildungsbericht 2016: 168). Auch wenn sich der Besuch einer Kindertagesstätte unter den Drei- bis Sechsjährigen 2015 zwischen Kindern mit und ohne Migrations-

1 Das Statistische Bundesamt definiert als Personen mit Migrationshintergrund alle „Ausländer, (Spät-)Aussiedler und Eingebürgerten" sowie „Personen, die zwar mit deutscher Staatsangehörigkeit geboren sind, bei denen aber mindestens ein Elternteil Ausländer, (Spät-)Aussiedler oder eingebürgert ist" (Statistisches Bundesamt 2014: 20).

hintergrund nur noch gering unterscheidet (90 vs. 97 %), ist der Unterschied in der Altersgruppe unter drei Jahren (22 vs. 38 %) immer noch gravierend. Welche Konsequenzen hat das für den Bildungserfolg? Wie Britz zu Recht hervorhebt, bestätigt „Gleichbehandlung […] bei ungleichen Startbedingungen die Benachteiligungen, daher die Forderung nach Anerkennung der Differenzen und insbesondere der unterschiedlichen (Lern-)Ausgangslagen der SchülerInnen" (Britz 2006: 29). Die starke Bildungsbe*nach*teiligung statt Bildungs*be*teiligung spiegelt sich auch in der Verteilung der SuS auf die Schulformen im dreigliedrigen Schulsystem wider: „Während im Schuljahr 2014/15 Jugendliche ohne Migrationshintergrund fast zur Hälfte ein Gymnasium besuchten (rund 44 %) und nur zu 8 % Hauptschulen, besuchte lediglich knapp ein Viertel (24 %) der Jugendlichen mit Migrationshintergrund ein Gymnasium und ein weiteres Viertel (25 %) eine Hauptschule" (Bildungsbericht 2016: 174). Bildungsinstitutionen erzeugen somit „aufgrund ihrer kulturell und sprachlich einseitig geprägten Strukturen einen Rahmen, in dem Ungleichheit reproduziert und produziert wird" (Mecheril 2004: 154).

Nicht einbezogen in Schulleistungsstudien werden bislang die SuS mit DaZ, die keine Regelklasse besuchen. Deren Integrationsprozess ist in vielen Bundesländern in Etappen gegliedert. Insbesondere SuS ohne Deutschkenntnisse beginnen ihre Schullaufbahn häufig in sogenannten Vorbereitungs-/DaZ-/Seiteneinsteigerklassen (Massumi et al. 2015).[2] In Sachsen ist die Integration beispielsweise in drei Etappen gegliedert: (1) Besuch der Vorbereitungsklasse, (2) Teilintegration in die Regelklasse und parallele Förderung in der Vorbereitungsklasse sowie (3) vollständige Integration in die Regelklasse, wobei der „Prozess der Teilintegration […] entsprechend den individuellen Voraussetzungen so früh wie möglich einsetzen" soll (Sächsisches Staatsministerium für Kultus 2009: 5). Die dritte ‚Etappe' stellt eine große Herausforderung für alle Lehrkräfte dar, ist „Deutsch als Zweitsprache" doch schullaufbahnbegleitend zu unterrichten (Sächsisches Staatsministerium für Kultus 2009: 6). Für die SuS ist sie die längste ‚Etappe', und sie stellt insbesondere für SuS, die bereits in Deutschland geboren sind, den Regelfall dar – auch wenn dieser nicht als „Etappe" bezeichnet wird. Die ergänzende Unterstützung für die sprachsensible Gestaltung des Fachunterrichts und die Ressourcen für zusätzliche sprachliche

2 Z. B. in Mecklenburg-Vorpommern besuchen alle Kinder von Beginn an eine Regelklasse und erhalten eine ergänzende *Intensivförderung* (Massumi et al. 2015: 46).

Bildung und Förderung werden in den Bundesländern bislang in sehr unterschiedlichem Maße zur Verfügung gestellt.

1.2 Mehrsprachigkeit

Weltweit werden 4000 bis 7000 Sprachen in etwa 200 Staaten gesprochen; in der Mehrheit der Länder ist demnach weit mehr als eine Sprache in Gebrauch. Global ist Mehrsprachigkeit also der Normalfall (Grosjean 1982). Trotz Arbeitsmigration, Flüchtlingsbewegungen und Globalisierung verharren aber nach wie vor viele Staaten in einer Nationalstaatenideologie vergangener Jahrhunderte (Tracy 2014). So wurde vonseiten der Politik (in der Vergangenheit) immer wieder eine ‚Deutschpflicht' für Migranten gefordert, die nicht nur für die Schule, sondern teils auch in privaten Kontexten gelten sollte (z. B. in der Süddeutschen Zeitung am 08.12.14). Solche Forderungen ignorieren Erkenntnisse aus der Spracherwerbsforschung und verkennen den Fakt, dass Deutschland mehrsprachig ist. Schon lange sind in Deutschland Sorbisch (in Brandenburg und Sachsen) und Dänisch (in Schleswig-Holstein) anerkannte Minderheitensprachen; an den Grenzen gibt es, ebenso wie im Inland, bereits einige (wenn auch noch zu wenige) bilinguale Schulen; in Arbeitskontexten ist es selbstverständlich, neben dem Deutschen auf andere Sprachen zurückzugreifen. In deutschen Großstädten werden ungefähr 200 verschiedene Sprachen gesprochen (Tracy 2014: 15). Allerdings hat die Europäische Union im Zuge ihrer Mehrsprachigkeitspolitik die wenigsten dieser rund 200 Sprachen im Blick, sondern fokussiert fast ausschließlich die ‚großen' europäischen Sprachen. Ebenso wenig finden viele dieser Sprachen Aufnahme in Schule und Unterricht. Darin und nicht etwa in der Mehrsprachigkeit an sich liegt eines der Kernprobleme der Bildungspolitik: Zum einen haben die Sprachen, welche viele SuS bereits mit in die Schulen bringen, weder als Unterrichtsmedium noch als Unterrichtsgegenstand einen festen Platz. Zugleich wird allen Kindern bis zum Schuleintritt zu wenig Gelegenheit geboten, sich die in der Schule benötigten sprachlichen Repertoires anzueignen (Tracy 2014: 15).

Bevor genauer auf individuelle Mehrsprachigkeit und damit verbunden auf die Verwendung mehrerer Sprachen eingegangen wird, wird im Folgenden definiert, wen wir als mehrsprachig bezeichnen: Als mehrsprachig wird der- / diejenige bezeichnet, der / die regelmäßig mehr als eine Sprache verwendet (Grosjean 2008: 10) und in der Lage ist, in mehr als einer Sprache Alltagsgespräche zu führen (Tracy 2014: 17). Dass nicht alle Sprachen, über die eine

Person verfügt, gleicherweise verwendet werden, ist in dieser Definition bereits enthalten. Darüber hinaus gelten in Anlehnung an die Unterscheidung innerer wie äußerer Mehrsprachigkeit (Wandruszka 1975) auch Dialekte und Ethnolekte als Sprachen. So zeigt Wandruszka, wie vielfältig bereits die „muttersprachliche Mehrsprachigkeit“ (ebd.: 322) in Form von Regio- oder Soziolekten ist, die uns von Kindheit an begegnen. Diese Definition von Mehrsprachigkeit umfasst nicht nur im engeren Sinn gesprochene Sprachen, sondern auch Gebärdensprachen (Becker / Jäger 2019), die ebenso wie gesprochene Sprachen regionale Unterschiede (Dialekte) aufweisen und sich weltweit unterscheiden.

„Individuelle Mehrsprachigkeit bringt kognitive, lernpsychologische, kreative, interkulturelle, metalinguistische und pragmatische Vorteile“ (Marx 2014: 8), die schulisch und gesellschaftlich zu nutzen sind. Das bedeutet beispielsweise, SuS ihre weiteren Sprachen im Unterricht verwenden zu lassen (s. hierzu u. a. Lengyel 2016). Bereits Dirim (1998) zeigte eindrücklich, wie sinnvoll Grundschulkinder ihre L1 im Unterricht einsetzen, um sich Inhalte zu erschließen, organisatorische Dinge zu klären und miteinander zu kommunizieren. Brandt und Gogolin (2016) belegen am Beispiel zweier Schülerinnen einer 10. Klasse den Nutzen der L1 für die inhaltliche Bearbeitung eines Textes im Geschichtsunterricht. In der Partnerarbeit wählen die SuS die Sprache(n) frei.

Ähm, das zentrale Thema … Понимаешь, он тут много всего говорит.
(Verstehst du, er sagt hier vieles)
Он сначала говорит, что да, говорит, что мы должны быть все [вместе].
(er zuerst sagt, dass, ja, dass wir alle zusammen sein müssen.)
И он так говорит, как будто это ух сейчас И потом он говорит,
[мнение].
(Und er sagt so, als ob es jetzt ihre [Meinung] wäre. Und dann sagt er,
[что] **eh, deutsch Volk hat sich verändert.** Они как бы уже теперь **ahm ist**
dass), (Sie sind sozusagen schon jetzt)
nicht mehr das Volk der Ehrlosigkeit, der der Schande, der Selbstzerfleischung,
der Kleinmütigkeit. Он якобы говорит, что цейчас все намного
(Er sagt quasi, dass jetzt alles viel besser ist,
лучше, что сейчас все так круто.
dass jetzt alles so cool ist.) *(aus Brandt/Gogolin 2016: 60)*

Die hier eingesetzten Sprachmischungen (Code-Switching) sind keinesfalls nur Füller sprachlicher Lücken, sondern ebenso, wie in außerschulischen Studien von Sprechern unterschiedlichen Alters gezeigt (Tracy / Lattey 2010), kommunikative Stilmittel. So finden Sprachwechsel zum Beispiel statt, um Veränderungen im Diskurs, Sprecherwechsel in einer Erzählung usw. zu markieren (s. hierzu auch Kap. 6, weiterführend Kersten et al. 2011, Tracy 2011 und 2014).

Familien bilden den ersten Erwerbskontext von Sprache(n). Mehrsprachige Familien verwenden ihre Sprachen auf unterschiedliche Weise (s. hierzu ausführlich Brehmer / Mehlhorn 2018, 61ff.), die Romaine (1995) mit Blick auf den simultan bilingualen Erwerb in sechs Typen grob umschreibt. Spricht bspw. je ein Elternteil (von Geburt an) eine Sprache mit dem Kind, wobei eine der beiden Sprachen auch die Umgebungssprache ist, wird nach dem sogenannten Prinzip *one person, one language* verfahren. Mehrere Erwerbstypen umfassen die Situation, dass die Eltern ein oder zwei Sprachen mit dem Kind verwenden, jedoch keine dieser Sprachen die Umgebungssprache ist. Diese und weitere Typen suggerieren eine Form der Sprachentrennung, die so in Familien mit mehreren Kindern unterschiedlichen Alters eher ein Ideal als ein Abbild der Realität ist. Dieser sprachlichen Realität trägt der Typ *mixed languages*, in dem die Eltern selbst mehrsprachig sind und beide / mehrere Sprachen und Sprachmischungen in der Kommunikation mit den Kindern verwenden, Rechnung. Welche Sprache(n) wie intensiv in einer Familie verwendet wird / werden, variiert zwischen den Familienmitgliedern und / oder abhängig von Gesprächsthemen (z. B. Schule und Arbeit vs. Freizeit und Familie). So ist die Sprachverwendung auch abhängig vom Alter der Kinder; in frühen Lebensjahren wird möglicherweise zunächst intensiver in der Erstsprache kommuniziert, die Umgebungssprache (hier: Deutsch) nimmt erst ab dem Kindergartenalter mehr Raum ein. Aufgrund der Sprachmischungen innerhalb einer Kommunikationssituation ist die Frage nach der Gewichtung ggf. ohnehin kaum zu beantworten.

Sprachenverwendung in der Familie

Im Bildungsbericht 2016 wurden erstmals Zahlen zur vorrangigen Familiensprache der SuS aus acht Bundesländern veröffentlicht. Der Anteil an SuS mit nicht deutscher Familiensprache variiert regional (z. B. Bayern 12,2 %, Rheinland-Pfalz 12,6 % vs. Berlin 35,2 %, Bremen 29,7 %, Hessen 25,7 %) ebenso wie der Anteil der SuS mit Migrationshintergrund an der Gesamtzahl der SuS.

Ebenfalls wurden erstmals Ergebnisse zur vorrangigen Familiensprache von Kindergartenkindern berichtet. Auch hier gibt es große regionale Unterschiede. Während in Berlin, Gladbeck (Ruhrgebiet) und Offenbach (Hessen) über 77 % der Vier- und Fünfjährigen mit Migrationshintergrund zu Hause (überwiegend) kein Deutsch sprechen, weisen vor allem ländliche Gebiete Werte von unter 50 %, teils sogar unter 30 % auf (jedoch z. B. in Mecklenburg-Vorpommern an der Grenze zu Polen 66–77 %) (Bildungsbericht 2016: 167). Es gilt zu hinterfragen, ob sich tatsächlich die familiären Sprachpraktiken regional unterscheiden oder ob die Unterschiede auf die Problematik der engen Fragestellung zur (vorrangigen) Familiensprache zurückzuführen sind. Welche Unterschiede gibt es zwischen den Familien im ländlichen Raum und in verstädterten Regionen? Bilden die Ergebnisse ab, dass Familien, die in Regionen/Städten mit vielen Menschen mit Migrationshintergrund und/oder vielen mehrsprachigen Menschen leben, die Erstsprachen eher (auch) als Familiensprache(n) verwenden? Fördert demnach das Erleben von Mehrsprachigkeit als Normal- und nicht als Sonderfall (auch) die familiale Mehrsprachkeit? Unberücksichtigt lässt die Stichprobe die 10 % der Kinder mit Migrationshintergrund, die keine Kindertagesstätte besuchen, sowie mehrsprachige Familien ohne Migrationshintergrund. Die Entscheidungsfrage „überwiegend eine andere Sprache *oder* überwiegend Deutsch" spiegelt einen eingeengten Blick auf die Sprachenverwendung *mehr*sprachiger Menschen wider. Es ist gut vorstellbar, dass sich mehrsprachige Familien für eine Antwortmöglichkeit entschieden haben, die jedoch ihre Sprachenverwendung nicht vollständig abbildet.

In Erhebungen, die der Komplexität von Mehrsprachigkeit Rechnung tragen, wurden SuS als mehrsprachig kategorisiert, wenn sie angaben, mit mindestens einem Familienmitglied (auch) eine weitere Sprache außer Deutsch zu sprechen (Chlosta/Ostermann 2010: 19) (u. a. Fürstenau/Gogolin 2003 für Grundschulen in Hamburg, Chlosta/Ostermann 2006 für Grundschulen in Essen, Decker/Schnitzer 2012 für Grundschulen in Freiburg und Ahrenholz/Maak 2013 für Thüringen). Die Erhebung von Familiensprachen bzw. Mehrsprachigkeit ist dringend zu systematisieren (s. hierzu auch Ahrenholz/Maak 2013), um Ergebnisse vergleichen zu können und der tatsächlichen Mehrsprachigkeit der Familien gerecht zu werden.

1.3 Zweitspracherwerb

SuS mit DaZ erwerben das Deutsche sukzessive, d. h. zeitlich versetzt zu ihrer L1 bzw. ihren Erstsprachen (Rothweiler 2007: 106). Der intensive und kontinuierliche Kontakt zur L2 beginnt für diese Kinder häufig mit dem Eintritt in eine Bildungsinstitution. Abhängig vom Zeitpunkt des Erstkontakts zur L2 spricht man von einem frühen L2-Erwerb (Erwerbsbeginn im Alter von zwei / drei oder vier bis sechs Jahren) und grenzt ihn vom L2-Erwerb von Kindern mit einem

Erwerbsbeginn im Alter zwischen sechs und zwölf Jahren sowie dem Zweitspracherwerb von Jugendlichen und Erwachsenen mit dem Erwerbsbeginn nach der Pubertät ab (Rösch 2011: 11, Schulz / Grimm 2012: 164) (s. Abb. 1).

Neben dem sukzessiven Erwerb besteht die Möglichkeit, zwei oder mehr Sprachen parallel zu erwerben. Innerhalb des L1-Erwerbs differenziert man zwischen dem monolingualen und dem bilingualen Erwerb (Rothweiler 2007), bei dem das Kind zwei Sprachen von Geburt an bzw. vor dem zweiten Geburtstag erwirbt. Der simultane Erwerb muss jedoch nicht auf zwei Sprachen begrenzt sein, z. B. kann die Mutter Rumänisch, der Vater Französisch mit dem Kind sprechen, die Umgebungssprache der Familie ist jedoch Deutsch und wird z. B. in Krabbelgruppen und auf dem Spielplatz gesprochen (trilingualer Erwerb) (Montanari 2014 für einen Einblick in verschiedene Modelle mehrsprachiger Familien).

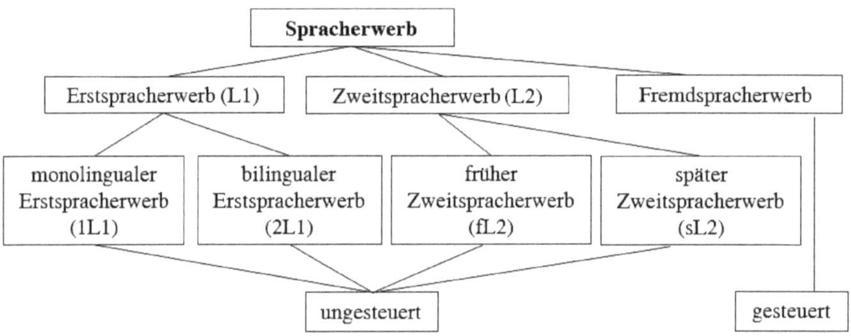

Abb. 1: Spracherwerbstypen in Anlehnung an Müller et al. 2007; Rothweiler 2007; Rösch 2011 (in Geist 2013: 10)

Abzugrenzen ist der L2-Erwerb andererseits vom gesteuerten Fremdspracherwerb (s. Abb. 1): Kinder mit DaE und DaZ erwerben das Deutsche weitgehend ohne direkte Steuerung. Auch wenn sie beispielsweise für einige Stunden pro Woche an einer Sprachförderung teilnehmen oder in den ersten Monaten in einer gesonderten DaZ- oder Vorbereitungsklasse beschult werden, ist dieser Unterricht bzw. diese Förderung hinsichtlich ihres Anteils am gesamten Input und ihrer Strukturiertheit nicht vergleichbar mit dem Fremdsprachenunterricht. Da aber die Entwicklung einer eigenständigen DaZ-Didaktik für Seiteneinsteiger noch in den Kinderschuhen steckt (jedoch u. a. Feldmeier 2015, Khakpour / Schramm 2016, zu Seiteneinsteigern u. a. Mavruk / Wiethoff 2015,

Maak 2014), wird in DaZ-Klassen derzeit häufig auf fremdsprachendidaktische Elemente zurückgegriffen.

Studien zum Spracherwerb stützen die Unterscheidung zwischen dem frühen und späten Zweitspracherwerb:

> Viele Kinder, die bis zum Alter von vier oder fünf Jahren mit dem Erwerb einer zweiten Sprache beginnen, scheinen den Spracherwerb problemlos zu vollziehen, während ältere Kinder und Jugendliche länger brauchen. Je später der Erwerbsbeginn liegt, umso mehr gleicht der Zweitspracherwerb dem Zweitspracherwerb Erwachsener. (Rothweiler 2007: 122)

Gründe für den offenbar problemlosen frühen Erwerb von Phonologie, Syntax und Verbmorphologie in der L2 werden darin gesehen, dass den Kindern mit Erwerbsbeginn vor dem fünften Lebensjahr Spracherwerbsmechanismen noch zur Verfügung stehen (Meisel 2009). Teils läuft der Erwerb damit sogar schneller ab als der Erstspracherwerb, weil sie auf bereits entwickelte kognitive Fähigkeiten und Weltwissen sowie Kenntnisse in der L1 zurückgreifen können (Rothweiler 2007: 122). Jedoch sind abhängig vom Erwerbsbeginn auch qualitative Abweichungen und Einflüsse der Erstsprachen, die sich beispielsweise in einer Auslassung von Artikeln in der Nominalphrase zeigen können, erwartbar (z. B. Rothweiler 2016).

Neben dem Alter bei Erwerbsbeginn stellt die Kontaktdauer, die angibt, wie lange ein Lerner bereits Zugang zur L2 hatte, ein wichtiges Charakteristikum dar. Gleichaltrige Kinder verfügen, abhängig von der Kontaktdauer, über unterschiedlich weit entwickelte sprachliche Fähigkeiten (z. B. Grimm / Schulz 2012, Geist 2017a). Faktoren, die sich auf den scheinbar ‚problemlosen' Vollzug des frühen Zweitspracherwerbs negativ auswirken können, sind neben dem Zeitpunkt des Erwerbsbeginns und der Kontaktdauer auch die Qualität des Inputs (Rothweiler 2007), die bislang selten Forschungsgegenstand war (zur Sprache pädagogischer Fachkräfte u. a. Müller et al. 2016).

Die Vielfalt der Sprachbiographien von mehrsprachigen Kindern und Jugendlichen lässt sich mit der obigen Grafik (Abb. 1) natürlich nicht abbilden. Diese Vielfalt ist möglicherweise auch ein Grund dafür, dass es der Deutschdidaktik nur sehr schleppend gelingt, sich auf die Bedürfnisse mehrsprachiger SuS einzustellen: Während der L1-Erwerb z. B. mit Blick auf die Grammatik aufgrund der erwähnten Spracherwerbsmechanismen qualitativ sehr ähnlich verläuft, wirken sich im L2-Erwerb weitere Faktoren aus, deren Zusammenspiel zu verschiedenen Erwerbsverläufen führt. Wir wollen, um die Bandbreite zumindest anzudeuten, hier drei Fallbeispiele mit ihren Ausgangsbedingungen vorstellen, auf deren besondere Kompetenzen und Bedürfnisse wir im Lauf der folgenden Kapitel immer wieder zurückkommen werden.

EBRU[3] ist ein zehnjähriges Mädchen, das in Deutschland geboren wurde und momentan die 4. Klasse einer Regelschule besucht. Ihre Erst- und Familiensprache ist Türkisch, Deutsch lernt sie als frühe L2 seit dem Eintritt in den Kindergarten im Alter von 3;6 (Jahre; Monate). Seit dem ersten Schuljahr besucht sie auch den muttersprachlichen Türkischunterricht – somit kann sie nicht nur mündlich, sondern auch schriftlich in zwei Sprachen kommunizieren. In ihren mündlichen Fähigkeiten im Deutschen unterscheidet sich EBRU auf den ersten Blick kaum von gleichaltrigen einsprachigen Kindern, was beeindruckend ist, wenn man ihre um dreieinhalb Jahre kürzere Kontaktdauer zum Deutschen bedenkt. Bei einem Blick auf schriftliche Produkte fallen jedoch hin und wieder Schwierigkeiten (z. B. bei der Markierung von Akkusativ und Dativ in der Nominalgruppe) auf. Ihr großes mehrsprachiges Potential kommt im Regelunterricht ebenso wie im Türkischunterricht nicht zur Geltung, da beide Unterrichtsformen zwar in einer Schule angeboten werden, jedoch nicht zu gemeinsamen Lernerlebnissen führen.

CLAUDIU (7;8) stammt aus Rumänien und ist durch die Arbeitsmigration seiner Eltern im Alter von 6 Jahren nach Deutschland gekommen. Er wurde zunächst für ein Jahr in eine Vorbereitungsklasse aufgenommen und besucht nun seit einigen Monaten den Regelunterricht einer 2. Klasse. In seinem ersten Jahr in Deutschland hat CLAUDIU mit ‚Siebenmeilenstiefeln' die deutsche Sprache erworben. Er kann sich umgangssprachlich verständigen und hat gleichzeitig mit dem Lese- und Schreiberwerb begonnen. Nach wie vor hat er sprachliche Schwierigkeiten, die ihn teilweise daran hindern, dem Unterricht zu folgen; Kapazitäten für einen weiteren Förderunterricht stehen an der Schule allerdings nicht zur Verfügung. Weil kein muttersprachlicher Unterricht angeboten wird, lernt CLAUDIU das Lesen und Schreiben ausschließlich in seiner L2.

KARIM ist 17 Jahre alt, er kam als minderjähriger unbegleiteter Flüchtling vor einem Jahr nach Deutschland. In seinem Herkunftsland Afghanistan hat er die neunjährige allgemeinbildende Schule besucht; dabei hat er sprachliche Kompetenzen in mündlicher und schriftlicher Form nicht nur in seiner L1 Dari, sondern auch in der Fremdsprache Englisch erworben. Momentan besucht er die 9. Klasse einer Werkrealschule. KARIM hat in den vergangenen 12 Monaten

3 Alle Namen von SuS wurden geändert.

bereits einige Spezifika der deutschen Sprache erworben, allerdings qualitativ in einem anderen Verlauf als CLAUDIU. Er hat ebenfalls teilweise noch Schwierigkeiten, dem Unterricht in sprachlicher Hinsicht zu folgen. Andererseits ist er in einigen Bereichen (vor allem im Englischen, aber auch in den naturwissenschaftlichen Fächern) seinen Klassenkameraden weit voraus.

1.4 Gemeinsamer Unterricht

Die Sprachdidaktik untersucht, welche Lerngegenstände im Deutschunterricht mit welchen Zielsetzungen und auf welche Weise mit den SuS bearbeitet werden können. Außerdem entwickelt und erprobt sie dafür geeignete Konzeptionen und Methoden. Ihr ist die sprachliche Heterogenität der Schülerschaft nicht fremd, beschäftigt sie sich doch zunehmend mit dem Anspruch eines gemeinsamen Unterrichts, der den unterschiedlichen Ausgangsbedingungen Rechnung trägt. Dennoch ist die Sprachdidaktik noch weit davon entfernt, die Anwesenheit ein- *und* mehrsprachiger SuS immer mitzudenken – sie mithin als den Normalfall (s. 1.2) anzusehen.

In Einführungen in die Sprachdidaktik ist inzwischen (beinahe) immer ein Kapitel zu DaZ-Didaktik und / oder Mehrsprachigkeit enthalten – das ist erfreulich. Allerdings handelt es sich eben meist um ein additives Thema. Einführungen in die DaZ-Didaktik untermauern das Nebeneinander von Erst- und Zweitsprachdidaktik, und auch dieses Buch vereint Erst- und Zweitsprachdidaktik noch nicht völlig, obwohl dies dringend notwendig wäre. Jedoch stellen wir uns der Herausforderung, die Konzeptionen je Arbeitsgebiet stets im gemeinsamen Unterricht zu denken. Selbstverständlich sind Differenzierung und Individualisierung im gemeinsamen Unterricht unabdingbar, jedoch gilt es, das gemeinsame Lernen als übergeordnetes Ziel im Blick zu behalten (Baurmann / Müller 2016). Gemeinsamer Unterricht bedeutet nicht nur, in einer Klassengemeinschaft *räumlich* gesehen *gemeinsam* zu lernen, sondern durch gemeinsame Lernerlebnisse das Potential einer heterogenen und eben auch mehrsprachigen Lerngruppe zum Vorteil erwachsen zu lassen (Lengyel 2016). Dies setzt eine konzeptionell und ressourcenorientiert solide Basis voraus (Baurmann / Müller 2016: 7). Es gilt, für *alle* SuS ein Gerüst zu bauen, damit sie am gemeinsamen Unterricht aktiv partizipieren können. Diese Mammutaufgabe wollen wir Lehrkräften mit dem vorliegenden Buch erleichtern. Wir verstehen es als einen Beitrag zur sprachdidaktischen Diskussion, der sprachliche

Heterogenität nicht nur am Rande behandelt, sondern den Sprachunterricht in multilingualen Klassen theoretisch und fachdidaktisch fundiert.

1.5 Aufbau des Buches

Wir orientieren uns an den fünf wesentlichen Arbeitsgebieten des Sprachunterrichts, die für alle Schulformen gelten (Tab. 1).

<table>
<tr><th></th><th>Produktion</th><th>Rezeption</th><th>Reflexion</th></tr>
<tr><th>Mündlichkeit</th><td colspan="2">Sprechen und Zuhören</td><td rowspan="3">Sprache und Sprachgebrauch reflektieren</td></tr>
<tr><th rowspan="2">Schriftlichkeit</th><td>Richtig schreiben</td><td rowspan="2">Lesen</td></tr>
<tr><td>Texte schreiben</td></tr>
</table>

Tab. 1: Analytisches Modell der Gegenstandsfelder des Sprachunterrichts (in Anlehnung an Budde et al. 2011: 42)

Im Unterschied zu den Bildungsstandards der KMK betrachten wir im Arbeitsgebiet *Schreiben* die Bereiche *Texte schreiben* und *Richtig schreiben* getrennt. Des Weiteren fokussieren wir aus sprachdidaktischer Perspektive das *Lesen* und lassen Aspekte des literarischen und medialen Lernens hier außen vor (s. hierzu ausführlich Rösch 2017). Es werden so aus inhaltlichen Gründen Bereiche getrennt, die im Unterricht zusammengehören. Besonders deutlich wird das im Schriftspracherwerb, der den Lese- und Schreiberwerb (sowohl *Richtig schreiben* als auch *Texte schreiben*) umfasst.

Jedes Kapitel beginnt mit einem Beispiel und einer Einleitung zum Arbeitsgebiet. Es folgt eine Einführung in die *fachlichen Grundlagen*, bevor die besondere *Lernausgangslage von SuS mit DaZ* verdeutlicht wird. Ausgehend davon werden *sprachdidaktische Konzeptionen* vorgestellt und ihre Eignung für mehrsprachige Lerngruppen reflektiert. Jedes Kapitel endet mit einem Einblick in die Herausforderung des *Erhebens von Fähigkeiten* sowie der *Leistungsbeurteilung*. Es folgen abschließend jeweils einige weiterführende Literaturhinweise und Aufgaben zum Arbeitsgebiet. Lösungsvorschläge zu den Aufgaben sind abrufbar unter www.meta.narr.de/9783823383390/Loesungen.pdf.

1.6 Aufgabe

Setzen Sie sich mit *Ihrer* Mehrsprachigkeit auseinander: Wie viele Sprachen (inkl. Dialekte, Ethnolekte) haben Sie bereits erworben oder gelernt? Wie gesteuert oder ungesteuert war dieser Erst-/Zweit-/Fremdspracherwerb? Was begeistert Sie an anderen Sprachen? Was fällt Ihnen beim Sprachenlernen schwer?

1.7 Weiterführende Literaturhinweise

Eine Diskussion grundsätzlicher Fragen zu Mehrsprachigkeit und mehrfachem Spracherwerb findet sich bei Tracy (2011). Mehr zum Thema Herkunftssprachen und zur Sprachverwendung kann z. B. bei Brehmer / Mehlhorn (2018) nachgelesen werden. Einführungen in das Thema Deutsch als Zweitsprache bieten u. a. Harr et al. (2018), Rösch (2011) und Jeuk (2013). Spezifisch sprachdidaktische Überlegungen mit einem besonderen Fokus auf SuS mit DaZ sind bei Michalak / Kuchenreuther (Hrsg., 2012), Kalkavan-Aydın (Hrsg., 2015 und 2018, hier speziell für die Sekundarstufe I und II) und Rösch (2017) zusammengestellt.

2 Sprechen und Zuhören

„also <H> ist groß weil das <<leiser werdend>Substantiv> ist?"
Diesen Beitrag leistet Zainal (elf Jahre alt), eine Schülerin mit DaZ, die (ebenso wie CLAUDIU) erst seit 13 Monaten in Deutschland lebt und die 4. Klasse einer Grundschule besucht, in einem „Rechtschreibgespräch" (u. a. Leßmann 2014) mit zwei Klassenkameradinnen, die ebenfalls DaZ erwerben, zu dem schwierigen Wort *Handtaschendiebstahl*. In dieser kurzen Äußerung wird bereits deutlich, wie umfangreich Zainals sprachliche Fähigkeiten nach nur einem Jahr Kontakt zum Deutschen sind. So bietet sie ihren Mitschülerinnen eine Begründung der satzinternen Großschreibung an, obwohl es diese in ihrer L1 Arabisch nicht gibt. Sie hebt ihre Stimme am Ende der Äußerung, um sie als Frage zu deklarieren, und verwendet die für eine Bestätigungsfrage typische Verbzweitstellung im Deutschen mit korrekt flektiertem Verb. Zainal produziert zudem einen Nebensatz mit Verbendstellung. Sie verfügt somit über die gesamte Komplexität des deutschen Satzbaus. Außerdem nutzt sie einen Fachterminus. Die Verwendung des (in-)definiten Artikels, der in beiden Sätzen obligatorisch ist, muss von ihr allerdings noch erworben werden.
Die gegebene Situation stellt jedoch nicht nur sprachliche Anforderungen auf den linguistischen Ebenen *Phonologie, Morphologie, Semantik* und *Syntax* – das Kleingruppengespräch unter Klassenkameraden muss auch in *pragmatisch-kommunikativer* Hinsicht gestaltet werden. Zainal hört zu, lässt ihre Mitschülerinnen ausreden, versucht an deren Redebeiträge anzuknüpfen oder ihnen zu widersprechen. Rechtschreibgespräche sind ein Setting im Unterricht, in dem die Kompetenz, *mit anderen zu sprechen,* ebenso wie das *verstehende Zuhören* gefordert ist.

Kinder können, bevor sie geboren werden, hören und beginnen wenige Monate nach der Geburt, sprachlich zu interagieren. Diese ersten Sprechakte finden bei Kindern mit DaZ in einer oder mehreren anderen Erstsprachen statt. Die sprachlichen Kompetenzen, die sie in dieser/n Sprache/n in ihren ersten Lebensjahren aufbauen, sind ebenso wertvoll wie die sprachlichen Fähigkeiten, die Kinder mit DaE erwerben. Für jede Sprache gilt, dass das Kind deren phonologische, semantische, morphologische und syntaktische Bausteine erwirbt sowie pragmatische Kompetenzen entwickelt. Im Unterschied zum Lesen und Schreiben bringen die SuS im Kompetenzbereich *Sprechen und Zuhören* also langjährige Vorerfahrungen aus Familie, Kindertagesstätte (Kita) und Freizeit mit und sammeln weitere auch in ihrem außerschulischen Alltag (*zu anderen* und *mit anderen sprechen, (zu-)hören, szenisches Spiel*). Weniger vertraut sind viele SuS dagegen mit dem Unterbereich *über Lernen sprechen*. Die Vorerfahrungen im Zusammenhang mit schulisch relevanten Diskurspraktiken wie dem Erklären oder Argumentieren sind ebenfalls sehr unterschiedlich (u. a. Morek 2012; Heller 2012; Isler 2014). Kinder und Jugendliche mit DaZ haben also Vorerfahrungen im *Sprechen und Zuhören* – sogar in mehreren Sprachen. Unser Bildungssystem trägt jedoch den Erstsprachkompetenzen von SuS mit DaZ bislang kaum Rechnung (u. a. Rösch 2011: 164). So fokussiert der Unterricht insgesamt und auch der Deutschunterricht die Schul- und Bildungssprache Deutsch.

Ziel dieses Kapitels ist, den Lerngegenstand zu skizzieren, die Besonderheiten der Lernausgangslagen von SuS mit DaZ anhand von Fallbeispielen aufzuzeigen und auf sprachdidaktische Konzeptionen für den Kompetenzbereich einzugehen, die für SuS mit DaZ im gemeinsamen Unterricht gewinnbringend sein können. Im Sinne einer Mehrsprachigkeitsdidaktik wird auch erläutert, wie Kinder und Jugendliche ihre Fähigkeiten in der L1 im Deutschunterricht einbringen können.

2.1 Fachliche Grundlagen: Mündliche Sprachproduktion und -rezeption in Unterricht und Alltag

Eine Besonderheit des Kompetenzbereichs *Sprechen und Zuhören* ist, dass gesprochene Sprache[4] Lerngegenstand und -medium zugleich ist. Jedoch unterscheidet sich ein Unterrichtsgespräch in vielerlei Hinsicht von einem Alltagsgespräch: Die Zahl der (potentiellen) SprecherInnen ist höher und es bestehen hierarchische Unterschiede zwischen SuS und Lehrperson (Hochstadt et al. 2015). Die Charakteristika von Unterrichtskommunikation wurden bereits umfangreich erforscht (u. a. Ehlich / Rehbein 1979, Becker-Mrotzek / Vogt 2009, Grundler / Vogt 2013, Heller / Morek 2015). Die Herausforderung, als Lehrkraft nicht immer als Gesprächsleiter(in), Gesprächsteilnehmer(in) mit einem hohen Redeanteil oder Aufgabensteller(in) aufzutreten, ist groß. Ebenso relevant ist jedoch, sich eben dieser immer wieder praktizierten Handlungsmuster

4 Im Unterschied zur Dauerhaftigkeit geschriebener Sprache ist die mündliche Sprache flüchtig. ‚Festzuhalten' ist sie nur, wenn sie akustisch gespeichert wird, und lesenden Personen können wir sie nur zugänglich machen, indem wir das Gesprochene verschriftlichen. Diese Transkripte – auch die im Folgenden verwendeten – beinhalten jedoch bereits eine Interpretation des Gesagten und suggerieren eine Dauerhaftigkeit, die es im Moment der Interaktion nicht gibt.

von Unterrichtskommunikation als Lehrkraft bewusst zu sein und dann mit Blick auf die Sprachförderung von SuS mit DaZ die Rolle des Sprachvorbilds ernst zu nehmen (Jeuk 2013: 119). Es gibt bislang wenig Forschung zur Unterrichtskommunikation mit dem Fokus auf die sprachliche Heterogenität der Klasse. Aus diesem Grund greifen wir in diesem Kapitel auch auf Methoden der Sprachheilpädagogik und Fremdsprachdidaktik zurück, sofern diese uns einsetzbar für den Regelunterricht in mehrsprachigen Klassen erscheinen. Bei der Darstellung der fachlichen Grundlagen setzen wir zwei Schwerpunkte: 1. Besonderheiten der deutschen Sprache (mit Fokus auf die gesprochene Sprache) und 2. Bildungssprache. Der Zweitspracherwerb ist in der Förderung des *Sprechens* und verstehenden *Zuhörens* eine zentrale Orientierungsgröße und wird im folgenden Abschnitt in Auszügen beschrieben.

Um im Unterricht den SuS ein sprachliches Vorbild zu sein, ihre sprachlichen Fähigkeiten zu fördern, dem Erwerbsstand angemessene Aufgaben zu formulieren und Leistungen zu bewerten, gilt es, mindestens die Sprache, in der der Unterricht stattfindet, genauestens zu kennen. Daher möchten wir ausgewählte Besonderheiten des Deutschen hier kurz darstellen.

Phonologie

Während es sich beim stimmlosen [t] und dem stimmhaften [d] um verschiedene Phoneme handelt (z. B. <tanken> und <danken>), liegen bei [x] (wie in *lachen*) und [ç] (wie in *sicher*) Allophone desselben Phonems /χ/ vor, die je nach lautlicher Umgebung eingesetzt werden. Damit handelt es sich um ein seltenes Spezifikum, das für Fremdsprachenlerner und vermutlich auch für SuS mit Deutsch als später L2 eine Erwerbshürde darstellen kann. Während nach den vorderen Vokalen ein am vorderen Gaumen gebildetes [ç] produziert wird (*sicher, echt, Bücher* …), folgt auf die zentralen bzw. hinteren Vokale der am hinteren Gaumen gebildete Frikativ [x] (*acht, kochen, Buch* …). Gerade die Artikulation des [x] als Reibelaut, der durch eine Engstelle am Velum (hinterer Gaumen) produziert wird, stellt Truckenbrodt (2014: 46) als schwierig heraus. Die Beispiele zeigen, dass innerhalb eines Wortstamms das Phonem, in Abhängigkeit vom vorangehenden Vokal, unterschiedlich artikuliert wird (z. B. *Buch* vs. *Bücher*); diese Opposition kann auch zu Schwierigkeiten im Lesen führen (s. Kap. 3).

Das Deutsche verfügt über ein sehr umfangreiches Vokalinventar. In der Standardsprache des Arabischen treten dagegen nur die Vokale [a], [ɪ], [ʊ] sowie deren langen Versionen [ɑː], [iː], [uː] auf (Zeldes / Kanbar 2014). SuS mit Arabisch als L1 erwerben demnach völlig neue Phoneme im Zweitspracherwerb, verfügen jedoch nicht mehr über die sprachenübergreifende Fähigkeit zur intuitiven Lautdifferenzierung, mit der Säuglinge ausgestattet sind (Kauschke 2012). (Weiterführend s. Hirschfeld / Reinke 2016.)

Morphologie

Das Deutsche ist eine sehr wortbildungsfreudige Sprache – ein Beispiel dafür sind die häufig auftretenden Komposita. Auch im Englischen sind zusammengesetzte Nomen wie *springbreak* möglich, während im Polnischen kaum Komposita gebildet werden. Ihre Länge im Deutschen ist jedoch beachtlich, so sind drei Wurzeln wie in *Fahrradanhänger* normal und mehr als drei Wurzeln zwar selten, aber durchaus möglich (z. B. *Sprachstandserhebungsverfahren*). Prinzipiell lässt sich das nahezu unendlich fortsetzen, wie die berühmte *Donaudampfschifffahrtsgesellschaftskapitänsmütze* zeigt. Bei der häufigsten Variante, den Determinativkomposita, gilt, dass das erste Element das zweite spezifiziert: So unterscheiden wir z. B. *Fuß-* und *Handball*. Wann ein Fugenelement eingefügt wird (und wenn ja, welches), ist lexikalisch zu erwerben. Das häufigste Fugenelement ist das [s], z. B. in *Freundschaftsbändchen*. Unklar ist, wieso das *Hühnerei* kein *Huhnei* ist, ist es doch von *einem* Huhn gelegt (Truckenbrodt 2014: 53).

	Maskulinum Sg.	Neutrum Sg.	Femininum Sg.	Mask./Neut./Fem. Pl.
Wer wartet denn da? Oh, ... Nominativ	der dick|e Hund ... wartet auf mich.	das schwarz|e Schaf ... wartet auf mich.	die klein|e Katze ... wartet auf mich.	die lieb|en Tiere ... warten auf mich.
Ich füttere ... Ich gehe ohne ... spazieren. Akkusativ	den dick|en Hund	das schwarz|e Schaf	die klein|e Katze	die lieb|en Tiere
Ich helfe ... Ich gehe mit ... spazieren. Dativ	dem dick|en Hund	dem schwarz|en Schaf	der klein|en Katze	den lieb|en Tieren
Ich erfreue mich ... Anstelle ... hätte ich lieber eine Maus. Der Hunger ... ist riesig. Genitiv	des dick|en Hundes	des schwarz|en Schafs	der klein|en Katze	der lieb|en Tiere

Abb. 2: Deklination der attributiven Adjektive mit definitem Artikel, aus: Granzow-Emden 2014: 267

Die Konjugation der Verben ist im Deutschen kein leichtes Unterfangen, vergleicht man die Suffixe im Präsens (ich geh-e, du geh-st, er / sie / es geh-t etc.) z. B. mit dem Englischen, in dem die Regel *he, she, it das <s> muss mit* für die einzige Abweichung vom Infinitiv bereits ausreicht. Wesentlich komplexer als die Konjugation ist jedoch die Deklination im Deutschen, die wohl den Begriff ‚Stolperstein' verdient.

Im Unterschied zu vielen anderen Sprachen wird auch das Adjektiv an den Kasus des attribuierten Nomens angepasst (Abb. 2). Dabei ist zu beachten, dass sich dessen Flexion auch an der Umgebung orientiert: Während bei definiten Artikeln eine ‚schwache' Endung (*-e* bzw. *-en*) verwendet wird (Abb. 2), erfolgt bei indefiniten Artikeln eine deutlichere Markierung (z. B. *ein dick**er** Hund*).[5] Hinzu kommt die Besonderheit, dass das Deutsche die drei Genera Maskulinum, Femininum und Neutrum mit je einem anderen Artikel kennzeichnet, während einige Sprachen im Unterschied zum Deutschen keine Artikel verwenden (z. B. Russisch, Türkisch), für jedes Nomen denselben Artikel nutzen (z. B. Englisch) oder nur über zwei verschiedene Artikel verfügen (z. B. Französisch, Spanisch) (Tab. 2).

Deutsch	Englisch	Französisch	Spanisch	Russisch
die Gabel	the fork	**la** fourchette	*el* tenedor	ви́лка (vilka)
das Bett	the bed	*le* lit	**la** cama	кроваь (krovat')
der Stein	the stone	**la** pierre	**la** piedra	ка́мень (kamjen)
die Flasche	the bottle	**la** bouteille	**la** botella	Буты́лка (butýlka)

Tab. 2: Sprachenvergleich Artikel und Genus (in Anlehnung an Riegler et al. 2015: 91, dort farbige Hervorhebungen)

Eine eindeutige Markierung der Kasus liegt nur im Maskulinum vor, während andererseits ein und dieselbe Form (z. B. *der*) völlig unterschiedliche Aufgaben übernimmt (z. B. *der Katze* Dativ / Genitiv Singular, setzt das Wissen voraus, dass *Katze* feminin ist) (s. auch Kap. 6).

Eine weitere Besonderheit des Deutschen sind trennbare Verben: So entsteht durch den vorangestellten Baustein *ein* aus *laden* ein neues Verb: ***ein**laden*. Be-

5 Die gesamte Komplexität des noch wesentlich umfangreicheren Flexionsparadigmas von Determinierern, Adjektiven und Nomen kann hier nicht vollständig dargestellt werden.

tonte vorangestellte Morpheme (Verbpartikeln) wie *ein*, *an* oder *auf* werden im V2- oder V1-Satz im Präsens abgetrennt und stehen im rechten Verbfeld (Konrad *wischt* die Tafel *ab*). Die Bedeutung von Verben mit und ohne Präverb unterscheidet sich in der Regel: Während *abwischen* und *wischen* je nach Kontext synonym verwendet werden können, ist das bei *legen, ablegen* und *anlegen* nicht möglich. Zudem unterscheiden sich bei diesen Verben nicht nur die Bedeutung(en), sondern auch die Zahl und Art der obligatorischen Ergänzungen. Hingegen werden unbetonte Präfixe wie *be-* in *belegen* und *ver-* in *verkaufen* im Unterschied zu betonten Verbpartikeln nicht abgetrennt (*Er belegt das Brötchen*) (Granzow-Emden 2014: 64).

Syntax

Kaum eine Sprache konstruiert ihre Sätze so wie das Deutsche. Die meisten Sprachen lassen sich einem der beiden Satzbaupläne SVO (*Subjekt-Verb-Objekt*, z. B. Englisch) oder SOV (*Subjekt-Objekt-Verb*, z. B. Türkisch) zuordnen. Zwar ist die SOV-Struktur im Deutschen die Basisstruktur, dies wird jedoch in der hochfrequenten V2-Anordnung verschleiert.[6] Im deutschen Hauptsatz ist nicht festgelegt, ob das Subjekt, das Objekt oder eine der weiteren Konstituenten vor dem Verb steht. Lediglich die Position des Verbs an zweiter Stelle (Verbzweitstellung) ist obligatorisch (Geilfuß-Wolfgang / Ponitka i. Vorb.). Der Verbletztsatz in der letzen Zeile von Abb. 3 kann als Nebensatz fungieren, ist aber z. B. als Antwort auf die Frage „Meinst Du, Martina kommt?“ – „Wenn …“ auch als eigenständige Konstruktion denkbar.

	Satzklammer (SK)				
Vorfeld	**linke SK**	**Mittelfeld**			**rechte SK**
Lena	gibt	Niklas	das Geschenk.		
Gestern	hat	Lena	Niklas	das Geschenk	gegeben.
	Hat	Lena	Niklas	das Geschenk	gegeben?
	wenn	Lena	Niklas	das Geschenk	gibt.

Abb. 3: Topologisches Feldermodell: Satzbau des Deutschen

6 Eine vergleichbare V2-Stellung gibt es auch im Niederländischen, in den skandinavischen Sprachen und weltweit in wenigen nicht-germanischen Sprachen (Truckenbrodt 2014: 59).

Bildungssprache – Tor zur Bildung

Neben rein sprachsystematischen wie den oben dargestellten sind auch konzeptionelle Ebenen zu reflektieren: Mit Blick auf die vor- und außerschulischen sprachlichen Erfahrungen, die die SuS mitbringen, erfolgt die entscheidende Veränderung im Lernbereich ‚Sprechen und Zuhören' nicht auf der medialen, sondern auf der konzeptionellen Ebene. Die vorschulischen Erfahrungen finden (vorrangig) in Situationen statt, die von konzeptionell mündlichen Äußerungen (Koch / Oesterreicher 1994), häufig auch als *Basic Interpersonal Communicative Skills* (BICS, Cummins 1979) bezeichnet, geprägt sind. Diese BICS werden von Kindern und Jugendlichen auch in der L2 verhältnismäßig schnell erworben. Aufgabe des Deutschunterrichts sowie des Fachunterrichts ist es, alle SuS ausgehend von ihren sprachlichen Fähigkeiten konzeptionell schriftlich, in ihrer *Cognitive Academic Language Proficiency* (CALP, ebd.), zu fördern. Dies impliziert die Notwendigkeit, Sprech- und Zuhöraufgaben auch danach zu analysieren, inwieweit sie eine konzeptionell mündliche oder konzeptionell schriftliche Kommunikation von den SuS fordern. Mit der Unterscheidung von konzeptioneller Mündlichkeit und Schriftlichkeit ist keine Abwertung bestimmter Sprachgebrauchsformen verbunden: Konzeptionell mündliche Handlungen sind im gegebenen Kontext grundsätzlich funktional angemessen und es ist wenig hilfreich, pauschal und unabhängig von der Kommunikationssituation konzeptionell schriftliche Mittel einzufordern[7]. Ziel muss es vielmehr sein, dass die SuS über verschiedene Sprachgebrauchsformen verfügen, die je nach Adressat und Kontext reflektiert eingesetzt werden können. So ist die Verbstellung im folgenden Satz konzeptionell mündlich (inzwischen) akzeptiert, wird jedoch konzeptionell schriftlich (weiterhin) abgelehnt.

L: Warum bist du zu spät? S: Weil: ich hab noch auf Lorenz gewartet.

Lange wurden für die alltägliche Sprachverwendung (nicht nur) bildungsferner Menschen negativ konnotierte Begriffe wie „restringierter Code" (Bernstein 1971) verwendet. Diese abwertende Haltung ist inzwischen einer Forschungsrichtung gewichen, die mit Wertschätzung Varietäten wie *Jugendsprache* (u. a. Neuland 2008) und *Kiez-Deutsch* (u. a. Wiese 2012) untersucht.

7 Dies ist beispielsweise bei der in schulischen Kontexten häufig gehörten, oft aber dysfunktionalen Aufforderung, „bitte im ganzen Satz" zu sprechen, der Fall (Hochstadt et al. 2015: 45).

Gogolin führt mit Verweis auf die Schriftförmigkeit bestimmter Redemittel den Terminus *Bildungssprache* (zurückführend auf Habermas 1977) ein (Gogolin 2006: 5). Feilke (2012: 6) greift diesen Begriff auf und verortet ihn als Ausschnitt von Schriftsprache und Teil der Schulsprache. Schulsprache i. e. S. bezeichnet „auf das Lehren bezogene und für den Unterricht zu *didaktischen Zwecken gemachte* Sprach- und Sprachgebrauchsformen, aber auch Spracherwartungen" (ebd.: 5). Ein Beispiel ist die spezifische Lesart der Aufforderung „Erörtere …" im Kontext Schule. Sprachstrukturell gibt es einige Indikatoren, die als in besonderem Maße bildungssprachlich relevant gelten (Riebling 2013). Hierzu zählen beispielsweise das Passiv, unpersönliche Ausdrücke, der Konjunktiv, Konstruktionen mit *lassen*, Substantivierungen, Komposita und Attribute unterschiedlicher Komplexität (Gogolin / Duarte 2016, Geist et al. 2017b). Lexikalisch ist Bildungssprache von starker Präzision gekennzeichnet. Kann alltagssprachlich vieles *kaputt gehen*, wird bildungssprachlich erwartet, abhängig vom Nomen spezifische Termini zu verwenden: Papier *reißt*, Glas / Porzellan *zerbricht*, ein Luftballon *platzt*, eine Blume *verwelkt*, Schnee *schmilzt*, Metall *korrodiert*, Dynamit *explodiert* … Die spezifischen sprachlichen Erfordernisse bestimmter diskursiver Praktiken, beispielsweise beim Erklären und Argumentieren, wurden umfangreich untersucht (s. Beiträge in Grundler / Vogt 2006 und Vogt 2009 u. v. m.). Dass diese Praktiken nicht nur im Kontext Schule stattfinden, sondern auch in der Interaktion in Familien oder zwischen Peers, zeigen Morek (2012 zum Erklären) sowie Heller (2012 zum Argumentieren). In der Darstellung didaktischer Konzeptionen und Methoden (s. Kap. 2.4) greifen wir ihre Vorschläge zur unterrichtlichen Förderung diskursiver Praktiken auf.

2.2 Lernausgangslage: Mündliche Fähigkeiten in Produktion und Rezeption

Kinder und Jugendliche mit DaZ sind ebenso kompetente Sprecher(innen) und Zuhörer(innen) wie gleichaltrige SuS mit DaE, jedoch zunächst nicht in der für den Unterricht in Deutschland relevanten Schul- und Unterrichtsprache. Bei einem konsequenten Verständnis des Lernbereichs *Sprechen und Zuhören* müssten diese SuS sowohl in ihrer L1 als auch ihrer L2 gefördert werden. Diese Idee scheitert jedoch bereits daran, dass es Lehrkräften nicht möglich ist, die vielen verschiedenen Erstsprachen der SuS zu beherrschen. Es stellt sich jedoch grundsätzlich die Frage, welcher Raum den Erstsprachen im (Deutsch-)Unterricht gegeben werden kann (für Umsetzungsvorschläge s. Kap. 6.4).

Verdeckte Sprachschwierigkeiten

Die Herausforderung, sprachliche Fähigkeiten ad hoc im Unterricht zu erfassen und zu beurteilen, ist riesig. Im vorangegangenen Abschnitt (2.1) wurde die Komplexität der (deutschen) Sprache nur angerissen. Dementsprechend ist auch die Herausforderung, mündliche Fähigkeiten zu erfassen, ohnehin groß, besonders jedoch mit Blick auf SuS mit DaZ. Knapp (1999) wies erstmals auf das Risiko hin, die sprachlichen Fähigkeiten von SuS mit DaZ zu überschätzen, und prägte den Begriff „verdeckte Sprachschwierigkeiten". Er begründet dieses Verdeckt-Sein damit, dass die SuS durch ihre kommunikativen Kompetenzen (BICS) über spezifische Schwierigkeiten hinwegtäuschen und Vermeidungsstrategien anwenden könnten. Nicht zuletzt sieht er einen Grund für die verdeckten Sprachschwierigkeiten in der Komplexität der Unterrichtskommunikation, deren Fokus meist auf dem Inhalt und nicht auf der Form der gesprochenen Sprache liege.

Fachliches Wissen über die deutsche Sprache und den (Zweit-)Spracherwerb ist dringende Voraussetzung für Lehrkräfte, die ihre SuS sprachlich einschätzen, fördern und beurteilen möchten (u. a. Hopp et al. 2010). Für diesen Band haben wir einige wesentliche Bereiche ausgewählt, zu denen bereits detaillierte Untersuchungen vorliegen. Während Kinder mit DaE bis zum Eintritt in die Institution Schule bereits umfangreiche Fähigkeiten im Deutschen erworben haben[8], sind Kinder mit DaZ (abhängig vom Alter bei Erwerbsbeginn) in den ersten Schuljahren teils noch mit den ersten Erwerbsschritten, in jedem Fall jedoch mit dem Erwerb typischer ‚Stolpersteine' des Deutschen beschäftigt.

Satzstruktur

Der Erwerb der Satzstruktur des Deutschen ist inzwischen nicht nur für den Erst-, sondern auch für den Zweitspracherwerb erforscht. Ergebnis mehrerer Studien ist, dass der Erwerb der Satzstruktur des Deutschen sowie der Subjekt-Verb-Kongruenz von Kindern mit frühem Zweitspracherwerb (wie Ebru) qualitativ dem Entwicklungsverlauf bei einsprachigen Kindern entspricht, jedoch wesentlich schneller erfolgt.

> Schon früh werden beide Verbpositionen adäquat besetzt. Mit dem Erwerb des kompletten SVK-Paradigmas verschwinden nicht-finite Verbletztsätze innerhalb weniger Wochen oder Monate. (Rothweiler 2016: 16)

8 Zum Erstspracherwerb im Grundschulalter s. Schulz (2007).

Ein früher Zweitsprachlerner namens Faruk produziert beispielsweise nach nur vier Kontaktmonaten (KM) im Alter von drei Jahren und zwei Monaten Mehrwortäußerungen wie (1) in Abb. 4. Bereits nach acht KM gelingen ihm Konstruktionen wie (2) und (3). Nach 15 KM produziert Faruk auch Nebensätze mit Verbendstellung wie in (4). Für den Erwerb der Satzstruktur ist im frühen Zweitspracherwerb kein Einfluss aus der jeweiligen L1 feststellbar (Thoma / Tracy 2006, Rothweiler 2016).

		Satzklammer		
	Vorfeld	**linke Satzklammer**	**Mittelfeld**	**rechte Satzklammer**
1			volle power so	machen
2	de	fallt	jetzt	
3	was	is	in die ecke?	
4		wenn	mein onkel da so piekser reingesteckt	hat
	dann	blutet	das	

Abb. 4: Äußerungen von Faruk aus Ruberg/Rothweiler 2012: 132

Der Erwerb der Satzstruktur für SuS mit spätem Kontaktbeginn wie Claudiu und Karim wurde inzwischen ansatzweise erforscht (u. a. Czinglar 2014, Dimroth 2008, Haberzettl 2005, Sopata 2009). Exemplarisch seien hier Äußerungen einer neunjährigen Schülerin mit Urdu als L1 und Deutsch als L2 nach nur acht KM in LiSe-DaZ (Schulz / Tracy 2011) gezeigt. Sie produziert bereits Hauptsätze mit Verbzweitstellung (5 in Abb. 5) und Nebensätze mit (noch) abweichender Verbzweitstellung (6).[9]

		Satzklammer		
	Vorfeld	**linke Satzklammer**	**Mittelfeld**	**rechte Satzklammer**
5	Sie	winkt	auch zu den Hund	
6	weil sie	möchten	auch Nuss	

Abb. 5: Beispielsätze erfasst mit LiSe-DaZ (Schülerin, acht KM) (Daten BG)

9 Die Erhebung führte Karola Lengyel im Zuge einer Hausarbeit durch. Wir danken ihr für die Erlaubnis zur Verwendung der Daten.

Haberzettl (2005), Dimroth (2008) und Czinglar (2014) belegen Unterschiede zwischen Kindern mit DaZ im Alter von acht und vierzehn Jahren im Erwerb der Verbstellung, die die Differenzierung zwischen frühem und spätem L2-Erwerb stützen und eine Grenze um das zehnte Lebensjahr vermuten lassen.

Morphologie: Die Flexion in der Nominalphrase

In sprachlichen Bereichen, die sich durch Ausnahmen auszeichnen und für die – im Unterschied zu den grundlegenden syntaktischen Strukturen – kaum generalisierende Regeln gebildet werden können, verläuft der frühe L2-Erwerb nach bisherigem Forschungsstand nicht so problemlos wie beim Erwerb der basalen Satzbaumuster. Als Ursachen für die Variation in den Entwicklungsverläufen von Zweitsprachlernern werden z. B. unterschiedliche Erwerbsgelegenheiten diskutiert (Grimm / Schulz 2012). Es ist demnach zu berücksichtigen, „dass der Erwerb sprachlicher Phänomene eine unterschiedlich lange Kontaktdauer oder auch ein unterschiedliches Alter bei Erwerbsbeginn voraussetzen kann.“ (Grimm / Schulz 2012: 213)

Die Abweichung vom L1-Erwerb zeigt sich in mehreren Studien im Hinblick auf die Nominalphrase und Nominalmorphologie (Rothweiler 2016) (s. hierzu Kap. 2.1). „Viele Kinder [konzentrieren] sich im Erwerb des Artikelsystems erst einmal auf das Kasussystem […] und [ignorieren] das Genussystem vorübergehend […].“ (Ruberg / Rothweiler 2012: 133) So zeigen Schönenberger et al. (2012) anhand von Spontansprachdaten, dass für drei von vier Kindern mit frühem Zweitspracherwerb (wie Ebru) die Auslassung von Artikeln auch nach 30 KM noch bei über 20 % liegt, während im L1-Erwerb Artikelauslassungen nach drei Jahren nur noch in unter 10 % der Fälle auftreten. In einer Elizitierungsstudie wurde die Dativmarkierung an indirekten Objekten mit den ditransitiven Verben *geben* und *schenken* untersucht (z. B. *Ich gebe dem Schaf die Brille.*). Neben dem Schaf konnte das Kind zwei weiteren Fingerpuppen etwas geben, es waren alle drei Genera vertreten. Die exemplarischen Antworten der Kinder zeigen, dass sie Fehler am indirekten Objekt produzierten, indem sie dieses nicht als Dativ markierten. Deutlich wird auch, dass die Kinder Probleme hatten, das korrekte Genus zuzuweisen.

Ich schenke die Maus eine Blume. (Sergej, L1 Russisch, 30 KM)
Auto geb ich zu Maus. (Patryk, L1 Polnisch, 20 KM)

(Beispiele aus Schönenberger et al. 2012: 14 ff.)

Manche Kinder mit DaZ nutzen Präpositionalphrasen, um das indirekte Objekt zu markieren. Schönenberger et al. (2011) finden diese Strategie überwiegend bei Kindern mit Türkisch als L1, die verschiedene Präpositionen, jedoch überwiegend *für*, verwenden. Die Unregelmäßigkeit des Genussystems und dessen Einfluss auf den Kasus führen offenbar dazu, dass der frühe L2- vom Erstspracherwerb abweicht.

Sprachverständnis: W-Fragen

Nur wenige Studien beschäftigten sich bisher mit dem Sprachverständnis von Zweitsprachlernern, unseres Wissens nach liegen noch keine Studien zum Hörverständnis von SuS mit DaZ vor (international Vandergrift 2007). Für den Kompetenzbereich *Sprechen und Zuhören* ist jedoch die Kenntnis dessen, was SuS tatsächlich *verstehen*, unabdingbar. Gerade beim Sprachverständnis wirken sich für Knapp (1999) die „verdeckten Sprachschwierigkeiten" von SuS mit DaZ in besonderem Maße aus. In einer empirischen Studie konnte dies zwar für die W-Fragen nicht belegt werden, jedoch lag das möglicherweise daran, dass die Kinder zu einem großen Teil das Verständnis für einfache W-Fragen[10] bereits erworben hatten (lediglich 17 % der Items im Untertest W-Fragen wurden von den 42 Kindern mit DaZ nicht zielsprachlich verstanden). Für die wenigen Kinder, die noch Schwierigkeiten im Verständnis von W-Fragen hatten, zeigte sich eine tendenzielle Überschätzung (Geist 2013).

Im Unterschied zu vielen anderen sprachlichen Phänomenen geht die Produktion von W-Fragen dem Verständnis voraus (Produktion L2: u. a. Tracy / Lemke 2012, Verständnis L2: Schulz et al. 2008). Anhand des Untertests W-Fragen im Verfahren LiSe-DaZ (Schulz / Tracy 2011) konnte gezeigt werden, dass Kinder mit frühem L2-Erwerb im Alter von 5;8 die zielsprachliche Interpretation einfacher W-Fragen erworben hatten (Schulz 2013: 331).[11] Die Erwerbsstufen in der Interpretation der verschiedenen Fragetypen werden sogar schneller durchlaufen, als dies bei Kindern mit DaE der Fall ist. Derselbe Untertest zeigte im Fall der neunjährigen Schülerin (s. oben), dass sie nach acht KM bereits acht

10 Zur Interpretation einfacher W-Fragen im L1- und L2-Erwerb z. B. Schulz / Grimm 2012; zur Interpretation semantisch komplexer Strukturen (z. B. exhaustive W-Fragen) auch Schulz 2015.

11 Die Kinder mit DaE hatten die zielsprachliche Interpretation erwartungsgemäß bereits ein Jahr früher mit 4;8 Jahren erworben (Schulz 2013: 331).

von zehn W-Fragen zielsprachlich interpretiert. Dies betrifft Fragen nach dem Subjekt (a), Akkusativobjekt (b), Dativobjekt (c) und Adjunktfragen (d).

a) *Untersucher (U): Wer schimpft mit dem Hund? – Schülerin (S): Ibo.*
b) *U: Wen finden Lise und Ibo im Park? – S: Den Hund.*
c) *U: Wem hilft Ibo aus der Tonne? – S: Den Hund.*
d) *U: Womit sägt der Bauarbeiter die Äste ab? – S: Mit der … mit das Säge.*

Verdeckte Sprachfähigkeiten

Mindestens ebenso ungünstig wie die erwähnten verdeckten Sprachschwierigkeiten sind „verdeckte Sprachfähigkeiten" (Geist 2013: 228): Lehrkräfte überschätzen SuS mit DaZ nicht nur, sondern sie haben häufig auch die Tendenz, diese zu *unter*schätzen. So gingen Lehrkräfte bei 30 % ihrer Vorschulkinder, die sie intensiv im Rahmen eines *Vorlaufkurses* sprachlich förderten, davon aus, dass die Kinder noch keine Nebensätze mit Verbletztstellung äußern konnten. Die gleichen Kinder produzierten jedoch in der Elizitierungsaufgabe in LiSe-DaZ (Schulz / Tracy 2011) jeweils mindestens drei solcher Strukturen (Geist 2013). Klein mahnte bereits 2000, in der Beschreibung sprachlicher Fähigkeiten herrsche viel zu oft eine „Rotstift-Perspektive" (Klein 2000: 540) vor. Diese gilt es im Sinne einer Kompetenzorientierung abzulegen.

2.3 Didaktische Konzeptionen und Methoden zum Sprechen und Zuhören für mehrsprachige Lerngruppen

Kinder und Jugendliche müssen einerseits die Möglichkeit haben, basale kommunikative Fähigkeiten – sofern noch nicht in ausreichendem Maße vorhanden – im schulischen Kontext zu erwerben. Wenn die Analyse der sprachlichen Fähigkeiten im Unterricht, gestützt durch zuverlässige Verfahren, ergibt, dass eine Vielzahl von Erwerbsschritten noch zu leisten ist, ist eine gezielte Sprachförderung angezeigt, die nicht allein im Regelunterricht geleistet werden kann und deshalb auch nicht Thema dieses Bandes ist. Andererseits muss im Hinblick auf alle SuS die Förderung bildungssprachlicher Fähigkeiten in den Unterricht integriert werden. Kindern und Jugendlichen mit DaZ fällt dieser Erwerb umso schwerer, ist doch das Deutsche nicht ihre Ausgangs-, sondern ihre Zielsprache. Abhängig von der Qualität und Quantität des Inputs sowie der Kontaktdauer zur L2 benötigen SuS mit DaZ neben einer unterrichtsintegrierten Sprachbildung (Gogolin 2006), die ebenso SuS mit DaE unterstützt, eine unterrichtsintegrierte und/oder ergänzende Sprachförderung. Während die Sprachbildung die Ausweitung sprachlicher Mittel von Bildungssprache und die Unterstützung im Meistern diskursiver Praktiken (Heller/Morek 2015) zum Ziel hat, werden SuS in der Sprachförderung in ihren sprachlichen (z. B. grammatikalischen) Kompetenzen unterstützt, weil sie die L2 noch nicht zielsprachlich beherrschen.

Für die folgende Darstellung wurden didaktische Konzepte ausgewählt, die für mehrsprachige Lerngruppen geeignet sind und verschiedene Unterbereiche des Kompetenzbereichs *Sprechen und Zuhören* fördern. Im Mittelpunkt der didaktischen Überlegungen steht die Sprache der Lehrkraft.

Unterrichtsintegrierte Unterstützung: Scaffolding

Mit dem *Scaffolding* präsentierte Pauline Gibbons (2006) eine Methode, aus der sich eine didaktische Konzeption herausgebildet hat – der sprachsensible Fachunterricht. In den naturwissenschaftlichen Fächern schnell aufgegriffen und auch im deutschsprachigen Raum erprobt und umgesetzt (insbesondere Tajmel 2009, 2010; Lütke et al. 2016), hält diese Konzeption in den Deutschunterricht und die geisteswissenschaftlichen Fächer erst langsam Einzug (jedoch Oleschko/Moraitis 2012, Beiträge in Benholz et al. 2015). Während Lehrkräfte im Unterrichtsgespräch mit SuS mit DaZ häufig unbewusst ihre Sprache vereinfachen (Kniffka/Siebert-Ott 2012: 109), wirkt das *Scaffolding* dem entgegen: Die Lehrkraft macht sich in der Auseinandersetzung mit einem fachlichen Inhalt in der Vorbereitung zunächst sprachliche Mittel und Besonderheiten bewusst und transportiert diese dann implizit und explizit in den Unterricht. Quehl (2010) stellt der Unterrichtsplanung folgende Fragen als Dreischritt voran:

1. Welche sprachlichen Besonderheiten und Schwerpunkte enthält das Sachthema des Unterrichts?
2. Wie können die sprachlichen Besonderheiten in einer Unterrichtssequenz vorbereitet werden?
3. Wie ist der Ausbau der sprachlichen Besonderheit zu gestalten?

Ausgangspunkt des sprachsensiblen Unterrichts ist, dass a) alle Fächer komplexe und komplexer werdende sprachliche Anforderungen an die SuS stellen und b) alle Fächer gesprochene *und* geschriebene Sprache nutzen, um Inhalte zu vermitteln und Leistung zu überprüfen. Damit auch SuS mit DaZ die sprachlichen Anforderungen meistern können, braucht es ein Bewusstsein für eben diese seitens der Lehrkraft und der SuS, eine schrittweise Heranführung an komplexe Anforderungen und vorübergehende Unterstützungsmaßnahmen. Die wörtliche Übersetzung von Scaffolding – „einrüsten" – macht dies anschaulich. Grundlegendes Ziel ist eine bewusste Verschränkung von fachlichem und sprachlichem Lernen in der Planung, Durchführung und Reflexion von Unterricht. Das den SuS zur Verfügung gestellte Gerüst ist wie folgt zu charakterisieren:

- vorübergehend,
- den Weg zum Lösen der Aufgabe aufzeigend,
- am Spracherwerb des Lernenden orientiert,
- mit dem Ziel, den nächsten Erwerbsschritt anzubahnen.

Unterschieden wird in diesem Zusammenhang zuletzt zwischen dem Makro- und Mikro-Scaffolding. Ersteres bezieht sich auf den bewussten Einsatz von Registerwechseln (zwischen Mündlichkeit und Schriftlichkeit) im Unterrichtsverlauf. Das Mikro-Scaffolding ist innerhalb dieses groben Rahmens angesiedelt und enthält konkrete Methoden. Hierzu gehört, dass gegenstandsbezogene / fachspezifische Wortschätze oder Satzstrukturen (mündlich oder schriftlich) zur Verfügung gestellt werden. Hinzu kommen u. a. metakommunikative Aktivitäten, die direkte Unterstützung von Schüleräußerungen und die Ermutigung zu komplexeren und / oder fachspezifischeren Äußerungen.

Unterrichtsintegrierte Unterstützung: Zugzwänge setzen

Für die unterrichtsintegrierte Förderung und Verschränkung fachlichen und diskursiven Lernens plädiert auch die Forschung zur Diskurskompetenz (Isler et al. 2014). „Gesprächsfähigkeit verbessern heißt allererst, Unterrichtsgespräche zu verbessern" (Becker-Mrotzek / Quasthoff 1998: 8). „In den Fokus rückt damit das Identifizieren und die gezielte Nutzung unterrichts-authentischer Gesprächsanlässe [...] im Rahmen eines problemorientierten Unterrichts, zum Beispiel beim Erklären und Erläutern von Sachverhalten oder bei Diskussionen über kontroverse Interpretationen von Texten." (Heller / Morek 2015: 4)

Aber markiert z. B. eine adversative Relation und dient somit als Kennzeichen für einen Einwand oder eine unerwartete Wendung im Handlungsgeschehen. In der Flüchtigkeit der Kommunikation erleichtert es eine solche Markierung dem Gesprächspartner, die globale Kohärenz nachzuvollziehen (ebd.: 5). Im

Unterricht gilt es, SuS „in kommunikativ zweckhafte, z. B. erklärende und argumentative Diskurspraktiken“ (Heller / Morek 2015: 8) einzubinden. Dass SuS im Unterricht nicht zwingend Anlässe haben, um diese Diskurspraktiken zu erproben, zeigt z. B. Vogt (2009: 25): In einer 8. Klasse umfassten 60 % der Schülerbeiträge weniger als zehn Wörter und stellen laut Heller / Morek (2015) keine eigene Diskurseinheit dar.

Das Erzeugen von Zugzwängen durch Fragen wie „Wieso ist das so?“, „Wie macht man das?“, die den SuS längere, argumentierende oder erklärende Äußerungen entlocken, ist Teil des sogenannten „Discourse Acquisition Support Systems“ (DASS) (Hausendorf / Quasthoff 1996). Dabei handelt es sich um eines der Verfahren, die Erwachsene (z. B. Eltern) intuitiv nutzen, um kindliche Gesprächspartner in ihren Diskurseinheiten zu unterstützen und wechselseitige Verständigung zu sichern. Orientiert am Spracherwerb des Kindes können auch Zugzwänge mit einer stärkeren Lokalisierung eingesetzt oder die erwartete Anschlussaktivität expliziert werden („Kannst du mir das mal *erklären*?“). Bleibt die Reaktion des Kindes aus oder ist es sprachlich (noch) nicht dazu in der Lage, die Diskursaktivität selbst auszuführen, übernimmt der / die Erwachsene die Diskursaufgabe und fungiert als Modell für das Kind (Hausendorf / Quasthoff 1996, Heller 2017). Die Sprachheilpädagogik hat sich dieses Verfahren der natürlichen Erwachsenen-Kind-Interaktion zu Nutze gemacht und die sogenannten Modellierungstechniken (u. a. Dannenbauer 1999) entwickelt, die auch in der (unterrichtsintegrierten) Sprachförderung eingesetzt werden (u. a. Knapp et al. 2011).

Unterrichtsintegrierte Unterstützung: Modellierungstechniken

Vier Modellierungstechniken werden hier exemplarisch vorgestellt: die der sprachlichen Äußerung des Kindes vorausgehende *Präsentation* und *Kontrastierung* sowie das nachfolgende *korrektive Feedback* und die *Ergänzung*.

In der *Präsentation* verwendet die Lehrkraft die Zielstruktur gezielt und häufig und lenkt so das Augenmerk der SuS implizit auf die zu fördernde Zielstruktur. Ergänzt werden kann die *Präsentation* durch eine *Kontrastierung* mit anderen Strukturen, um die Eigenschaften der Zielstruktur zu verdeutlichen. Am Beispiel des Unterrichtsthemas „Tiere im Winter“ illustrieren Geist und Grimm (2012) eine *Präsentation* im Grundschulunterricht mit einer *Kontrastierung* zwischen Verbzweit- und Verbletztstrukturen.

Es ist Winter. In der Schule sind die Heizungen an, damit es warm ist. Die Tiere mögen den Winter nicht, weil es kalt ist und weil sie nur schwer etwas zu fressen finden. Viele Vögel sind in den Süden geflogen, weil es dort wärmer ist. [...]

(Geist/Grimm 2012: 25)

Ergänzend kann die Zielstruktur durch die Verwendung *korrektiven Feedbacks* (Dannenbauer 1999) gefördert werden. Die Lehrkraft im folgenden Beispiel bestätigt die Äußerung des Schülers inhaltlich und korrigiert sie strukturell, wobei sie das in der rechten Satzklammer stehende Verb betont. Den syntaktischen Fokus untermauert sie durch eine inhaltliche *Ergänzung*, die ebenfalls die Zielstruktur enthält.

Lehrerin: Warum schläft der Igel im Winter?
Vico: Weil es ist kalt draußen.
Lehrerin: Ja genau, weil es draußen kalt ist und weil der Igel im Schnee nichts zu fressen ***findet****.*

(Geist/Grimm 2012: 26)

Die vorgestellten Methoden eignen sich auch für die Förderung weiterer Strukturen wie z. B. der Kasusmarkierung.

Förderung im Bereich *vor und zu anderen sprechen*

Im Sinne des Scaffoldings eignet sich gerade die Erarbeitung und Durchführung von Präsentationen, z. B. im Rahmen einer Buchvorstellung, eines Referates oder eines Gedichtvortrags, um SuS mit Rücksicht auf ihre sprachlichen Fähigkeiten gezielt zu unterstützen. Wie stark sich die SuS in der Präsentation auf eine Vorlage stützen, kann beispielsweise individuell entschieden werden. Auch die Unterstützung innerhalb des komplexen Prozesses (s. Abb. 6) kann von der Lehrkraft und zwischen den SuS individuell gestaltet werden. Die Phasen der Erarbeitung einer Präsentation nach Berkemeier / Pfennig (2009) wurden in Abbildung 5 um die Reflexion, deren Bedeutung die beiden Autoren ebenfalls betonen (ebd.: 550 f.), ergänzt. Außerdem wurden spezifische Hinweise für mehrsprachige Klassen eingebaut. Die Abbildung verdeutlicht, dass abhängig von den sprachlichen Fähigkeiten der SuS einzelne Phasen fokussiert und ggf. auch nach einem Probevortrag wiederholt werden können. Der an die aktuellen Bedürfnisse und Fähigkeiten der SuS angepasste, gezielte Einsatz der L1 und L2 stellt einen zentralen Baustein dar.

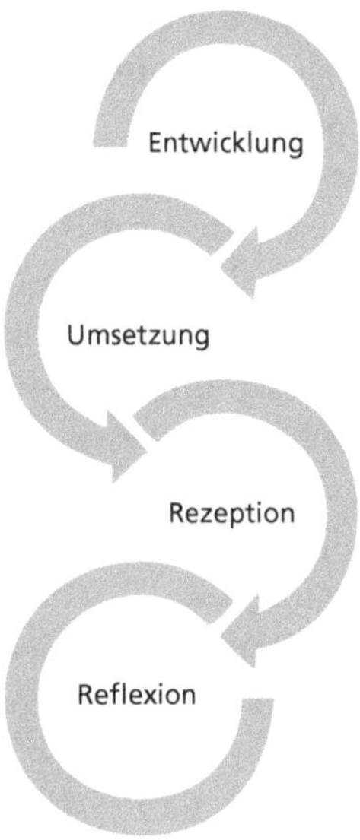

- Recherchieren und Zusammenstellen von Informationen *in der Erst- und/oder Zweitsprache*
- Planung, Gliederung und Überarbeitung des Vortrags mit Blick auf sprachliche, sprecherische, nonverbale und mediale Mittel

- Sprachliche, sprecherische, nonverbale und mediale Gestaltung des Vortrags *(zunächst) in einer Erstsprache*
- *nach einem Peerfeedback weitere Entwicklung und erneute Umsetzung in der Zweitsprache*

- Zuhörer entnimmt Informationen und wandelt sie in mentale Repräsentationen um

- Selbsteinschätzung
- Fremdeinschätzung

jeweils bezogen auf Inhalt und/oder Präsentationsfähigkeit
spontane Äußerungen in Erst- und Zweitsprache zulassen, um sprachliche Hürde zu verringern

Abb. 6: Phasen des Präsentierens (Berkemeier/Pfennig 2009), ergänzt durch DaZ-didaktische Hinweise

Es muss in einer multilingualen Schule denkbar sein, dass SuS auch beispielsweise Gedichte in ihrer Erstsprache rezitieren und an der Sprechgeschwindigkeit, Lautstärke usw. gefeilt wird. Dass SuS ihre Erstsprachen sinnvoll zugunsten des Lehr-Lern-Prozesses einsetzen können, zeigte in anderem Zusammenhang bereits Dirim (1998); dies lässt sich auch in der Förderung der Präsentationskompetenz nutzbar machen.

Neben der Präsentation vor der Klasse stellt die (audio-)visuelle Aufzeichnung eine sehr motivierende Ergänzung dar, die zudem das Problem der Flüchtigkeit gesprochener Sprache reduziert (z.B. in Form von ‚Erklärvideos'). Die SuS können in solchen Settings verschiedene Strategien der Präsentation erproben – auf einem Kontinuum zwischen dem Vorlesen vorgegebener Texte, veränderter Textmodelle oder selbst verfasster Texte sowie dem freien Vortragen eigener Texte.

Speziell mit Grundschulkindern mit DaZ umfangreich erprobt und empirisch evaluiert sind Theaterprojekte als additive Form der Sprachförderung. Diese werden derzeit kaum mit Blick auf den Bereich *vor anderen sprechen*, sondern vielmehr mit Blick auf spezifische sprachliche (z.B. grammatikalische) Fähigkeiten eingesetzt. Häufig in *Feriencamps*, teils jedoch auch in schulintegrierten AGs, findet eine implizite Förderung statt, indem sprachintensive Situationen geschaffen werden (Rösch 2007: 287). In einer Evaluationsstudie der Jacobs-Sommercamps (in Bremen) zeigte sich, dass Kinder, die an dem Camp teilgenommen hatten, einen deutlichen Sprachzuwachs im Vergleich zu anderen Kindern aufwiesen (Stanat et al. 2005 zum Evaluationskonzept, Rösch 2007). Drei Monate nach Abschluss war der Leistungsvorsprung allerdings nur noch für das Lesen, nicht jedoch für den Bereich Grammatik signifikant. Rösch schlussfolgert, dass eine *explizite* Sprachförderung für die Bereiche Lesen und Grammatik höhere Lerneffekte hat als eine rein *implizite* Sprachförderung. Die von Rösch (2007: 287) als *explizit* bezeichnete Sprachförderung fokussierte basale sprachliche Strukturen im Bereich der Morphologie und des Satzbaus, die für Kinder mit DaZ häufig ‚Stolpersteine' darstellen. Angestrebt wurde dabei, sprachliche Strukturen kognitiv zu durchdringen und das Bilden von Analogien einzuüben (Rösch 2007: 291).

Die Evaluation des Tübinger Theatercamps, in dem ebenfalls Grundschulkinder mit DaZ bzw. Sprachförderbedarf gefördert werden, zeigt, dass durch die Auswahl von Schlüsselszenen, die entsprechend der sprachlichen Fähigkeiten der Kinder mehr oder weniger anspruchsvoll gestaltet sind, sprachliche Fortschritte zu verzeichnen sind (Bryant / Rummel 2015). Die Tage im Camp teilen sich in Tübingen in „szenenbezogene dramagrammatische Sprachförderung" vor- und „Sprache bei verschiedenen theaterbezogenen Tätigkeiten (Schauspiel, Bewegung, Tanz, Gesang)" (Bryant / Rummel 2015: 9) nachmittags. Beim Bauen an Kulissen sowie der Arbeit an Requisiten und Kostümen wurde „insbesondere bei den sprachschwachen Kindern auf eine handlungsbegleitende Sprache geachtet" (ebd.). In Anlehnung an die Dramagrammatik (Even 2003) stellt die Szenen- und Rollenarbeit den inhaltlichen Hintergrund für die Grammatikarbeit dar. Derzeit erfolgt die Übertragung des Theatercamps in die nachhaltige Förderung im Rahmen schulischer Theater-AGs (für das Konzept s. Bryant / Rummel 2015: 16). Da in der Tübinger Konzeption auch anspruchsvollere sprachliche Bereiche wie Textkohäsion mitbedacht werden, ist es aus unserer Sicht auch für die Förderung von SuS in der Sekundarstufe I geeignet. Die Präsentationskompetenz der Kinder wurde bislang (unseres Wissens nach) in keinem der Theaterprojekte in den Blick genommen, Auswirkungen hierauf sind jedoch plausibel und erwartbar.

Nicht zuletzt weil das mündliche Erzählen bereits im Vorschulalter als alltägliche Form des Sprachgebrauchs angewendet, in Kitas eingeübt und gefördert wird, genießt es einen hohen Stellenwert in der Didaktik der mündlichen Kommunikation im Primarbereich. Die institutionellen Rahmenbedingungen des Unterrichts sind jedoch für das Erzählen, verstanden als „ein spezifisch strukturierter abgegrenzter Teil des Diskurses oder auch eine kohärente Ereignisfolge mit mindestens einem Element der Diskontinuität oder Ungewöhnlichkeit“ (Becker 2009: 64), ungeeignet (Hochstadt et al. 2015: 35). So entstehen in den insbesondere im Primarbereich eingesetzten Erzählkreisen häufig keine Erzählungen im engeren Sinne, die eine gewisse Nähe zu schriftlichen / literarischen Formen aufweisen und klar auf einen Höhepunkt hin strukturiert sind (Fienemann / v. Kügelgen 2006). Damit sind Erzählkreise zwar ein möglicherweise aus pädagogischen Erwägungen sinnvolles klasseninternes Ritual, stellen jedoch (per se) keine Förderung der Erzählfähigkeit dar. Als förderlich für den Erzählerwerb haben sich dagegen insbesondere fiktive Erzählanlässe herausgestellt, die die Kritik und Evaluation der entstehenden Erzählung aufgrund der geringen persönlichen Involviertheit erleichtern (Becker 2009).

Eine für Kinder mit DaZ geeignete Möglichkeit, den komplexen Vorgang des Erzählens einer Geschichte zu unterstützen und den SuS ein Grundgerüst einer Erzählung anzubieten, sind die Geschichtenpläne von Uhl (2016). Sprachlich und inhaltlich komplexe Momente von Erzählungen wie der Erwartungsbruch werden hier bereits vorgegeben: „Doch eines Nachts kam … nach … und klaute …“. Die Lücken werden von den SuS mit Ort, Protagonist und Gegenstand gefüllt, wobei auch auf Bildmaterial, das den Charakter fiktiver Geschichten nahelegt (z. B. Hexe, Drache, Krone), zurückgegriffen werden kann. Die Geschichtenpläne stellen außerdem eine Brückenfunktion zwischen der Produktion mündlicher und schriftlicher Erzählung dar.

In einer Studie zeigte Rehbein (1987), dass Kinder mit DaZ Nacherzählungen erfolgreicher produzierten, wenn sie die Vorlage zuvor in ihrer L1 gehört hatten, das Verständnis also gesichert war. Eine geeignete Basis hierfür bietet das Bilderbuch „Wer hat mein Eis gegessen“ von Rania Zaghir, das CDs enthält, auf denen die Geschichte in 20 verschiedenen Sprachen vorgelesen wird. Das Buch eignet sich auch noch für den Anfang der Sekundarstufe I. Zahlreiche Anregungen für Erzählimpulse, die auch die interaktive Planung unterstützen, was den Bedürfnissen von SuS mit DaZ entgegenkommt, finden sich in der Erzählwerkstatt von Claussen / Merkelbach (1995).

Mit anderen sprechen: Diskutieren und Argumentieren

Die Förderung im Bereich *mit anderen sprechen* kann u. a. in schülerzentrierten Gesprächen zunächst in Kleingruppen erfolgen. Grundler / Vogt (2013) empfehlen hierfür eine Vorab-Organisation der Sprecherwechsel durch die Lehrkraft, eine Einteilung des Gruppengesprächs in Phasen (Eingangsstatement – Diskussion – Abschlussstatement) und zeitliche Vorgaben, um das Gespräch zu strukturieren. Für SuS mit DaZ stellen Diskussionen zum einen aus sprachlicher Sicht eine höhere Anforderung dar als für SuS mit DaE, die sich stärker auf den Inhalt konzentrieren können. Andererseits sind die Hürden auch aus inhaltlicher Sicht erhöht, da SuS mit DaZ möglicherweise (z. B. aufgrund von abweichendem Vor- bzw. Weltwissen) das zu diskutierende Thema nicht in der gleichen Zeit erschließen können wie SuS mit DaE. Der Vorbereitungsphase ist demnach für SuS mit DaZ eine besondere Bedeutung beizumessen. Wird beispielsweise ein Zeitungsartikel als Ausgangspunkt der Diskussion genutzt, ist vor Beginn der eigentlichen Kleingruppenarbeit – der Diskussion – das Textverständnis zu sichern.

Bislang liegen nur wenige Studien zur Interaktion zwischen SuS mit dem Fokus DaZ vor (aktuelle internationale Studien zur L2-Interaktion Glaser et al. 2019). Aus einem Korpus von *Rechtschreibgesprächen* (Geist 2017b) arbeiten Geist / Hesselbarth (2017) erste Schlüsselszenen heraus, die zeigen, wie eine Schülerin mit DaZ (Zainal) die kommunikative Herausforderung dieser Gesprächsform meistert (weitere Analysen von Rechtschreibgesprächen in Geist 2018b und Geist et al. 2019).

In einer Schlüsselszene des ersten Kleingruppengesprächs mit zwei Schülerinnen mit DaE wird zum einen deutlich, dass sich Zainal nicht eigenaktiv beteiligt, sondern lediglich auf Gesprächseinladungen von Klara reagiert, die eine gesprächsführende Position übernimmt (z. B. „machst du weiter?“, Z. 52). Zainals Beiträge fallen außerdem (evtl. bedingt durch Klaras Gesprächsmoderation) sehr kurz aus. Zum anderen zeigt sich jedoch auch der große Anspruch, den dieses Gespräch an Klara stellt.

Kontext: Die Schülerinnen bearbeiten gerade die Fragen des Fragefächers: „Warum sind diese Stellen beim Schreiben schwierig? Was könnte man falsch machen?"Das <G> wurde als schwierige Stelle markiert, da man es klein schreiben könnte.

52	Klara:	(8.77) machst du weiter? (-) oder soll ich?
53	Zainal:	(1.31) mach ich weiter (---) also beim <d>

54	Klara:	(-) ja?
55	Zainal:	(1.6) manche schreiben auch <t>.
56	Klara:	ge:nau?
57	Zainal:	ähm.
58	Klara:	weißt du? die mehrzahl nehmen. <GOLde>. (---) da hört man das <d> ganz deutlich. (---) dann weiß man, dass es kein <t> ist (.) ok. hast du was zum <sch>, (---) warum das so ist? (---)mach ich, ne? also <schatz> wird ja [...]

Ein weiteres Rechtschreibgespräch führt Zainal mit zwei Mitschülerinnen (s. u.), die Deutsch ebenfalls als L2 erwerben. In dieses Gespräch bringt sie sich eigenaktiv ein, achtet darauf, dass ein gemeinsames Arbeiten möglich ist (Z. 6) und koordiniert die Kleingruppe (Z. 8).

Kontext: Im Anschluss an die Einzelarbeit, in der die Schülerinnen die schwierigen Stellen im Wort „Handtaschendiebstahl" markiert haben.

6	Zainal:	bist du fertig?
7	Sogal:	*tauscht eure entdeckungen aus. wechselt euch beim bitte euch bitte beim vorlesen ab.* (liest aus dem Fragenfächer vor)
8	Zainal:	also erstmal fängst du an.
	Sogal:	*sagt reiHum reihum, was ihr* [...]

Die Anzahl der Gesprächsbeiträge und Wörter je Schülerin zeigen, dass Zainal im ersten Kleingruppengespräch (KGG) (Anzahl der Wörter: 78) einen geringeren Redeanteil als im zweiten KGG hat (Anzahl der Wörter: 275). Das zweite KGG zwischen Zainal, Milena (Anzahl der Wörter: 143) und Sogal (Anzahl der Wörter: 434) ist ausgeglichener, während im ersten KGG die L1-Lernerin Klara (Anzahl der Wörter: 1006) quantitativ das Gespräch klar dominiert (Geist / Hesselbarth 2017: 143). Es ist offen, ob sich diese ersten Erkenntnisse auch für andere SuS und über eine größere Anzahl an Gesprächen belegen lassen.

Brandt und Gogolin (2016) belegen in Videoausschnitten, dass SuS mit DaZ, die in der Kleingruppenarbeit ihre L1 verwenden dürfen, ebenso wie einsprachige SuS sowohl über private Belange sprechen als auch sich gegenstandsbezogen austauschen (s. S. 15, s. auch Dirim 1998). Es stellt sich demnach die Frage, wie gewinnbringend der inhaltliche Diskurs für die SuS mit DaZ ist, wenn sie (auch) in sprachlich homogenen Kleingruppen zum Austausch in der L2 verpflichtet werden. Die Erforschung diskursiver Praktiken in mehrsprachigen Klassen stellt weiterhin ein dringendes Desiderat dar (s. jedoch Heller 2017).

Verstehend zuhören

Aufgrund der Flüchtigkeit gesprochener Sprache ist das verstehende Zuhören allgemein eine große Herausforderung, für SuS mit DaZ jedoch im Besonderen (Eckhardt 2008, 2014). Bei der Betrachtung der Ebenen des Verstehens (1. Wiedererkennen, 2. Verstehen, 3. Analytisches Verstehen, 4. Evaluation, Solmecke 1993) wird schnell deutlich, dass SuS mit DaZ sich aufgrund der geringeren Kontaktdauer bereits auf der ersten Ebene von SuS mit DaE unterscheiden. Um ihr Verständnis nicht bereits zu diesem Zeitpunkt zu gefährden, ist es erforderlich, Rückversicherungen und Regelungen zur Verständnissicherung mit der Klasse zu erarbeiten und im Unterrichtsalltag zu etablieren. Nach einem einleitenden Vortrag der Lehrkraft, einem einführenden Video z. B. in ein neues Unterrichtsthema o. ä. können die SuS beispielsweise einen Dreischritt durchlaufen, bevor die erste eigentliche Aufgabe gestellt wird:

1. Zeit, um in Einzelarbeit zu notieren, was wichtig erscheint, was unklar geblieben ist, welche Wörter unbekannt sind;
2. Abgleich der Notizen mit einer / m Mitschüler / in (in der L1 oder L2), um die eigenen Notizen zu ergänzen, Unklarheiten zu klären und das Verständnis zu sichern;
3. Rückfragen im Plenum.

Ähnlich wie in den Phasen des Präsentierens sind auch im verstehenden Zuhören die Schritte einzeln einzuüben. So gilt es zunächst, global zu verstehen, worum es geht, welche Schlüsselbegriffe relevant sind, und sich einen Überblick über die Textstruktur zu verschaffen (Pabst-Weinschenk 2012: 95). Als Unterstützung könnte die Lehrkraft SuS mit geringen Deutschkenntnissen zuvor bereits Schlüsselbegriffe aushändigen und durch einen gezielten Hörauftrag das selektive Hörverstehen unterstützen. Hilfreich für SuS mit DaZ ist ggf. auch eine Wiederholung des Inputs nach einer ersten globalen Auseinandersetzung, um in einem zweiten Durchgang individuell zu entscheiden, welche Inhalte dem Hörtext entnommen werden sollen (ebd.: 96). Pabst-Weinschenk (ebd.: 93) schlägt u. a. das Üben des verstehenden Zuhörens an authentischen kurzen Hörbeiträgen wie Werbespots oder informativen Beiträgen vor.

Eine Sensibilisierung der Lehrkraft wie auch der SuS für die Bedeutung des verstehenden Zuhörens ist im Fremdsprachenunterricht selbstverständlich. Rösch (2011: 192 f.) verweist auf Spiegels Formen des zuhörerfreundlichen Sprechens, die im Unterricht auch unserer Meinung nach etabliert werden sollten:

1. Aufmerksamkeit herstellen;
2. Inhalte durch Schlüsselwörter und spezifische Sprachstrukturen und Kommunikationsformen vorbereiten;
3. Zuhörermotivation eventuell durch zuhörsteuernde Fragen herstellen;
4. Inhalte multimodal und widerspruchsfrei (also gestisch-mimisch und intonatorisch unterstützend) vermitteln (kulturelle Unterschiede in nonverbalen Mitteln sind mit den SuS zu thematisieren);
5. Häufig Redepausen einlegen, damit die Zuhörenden das Gesagte kognitiv verarbeiten können;
6. Aktivierungsphasen einbauen, damit die Lernenden das vermittelte (inhaltliche wie sprachliche) Wissen aktiv verarbeiten und verankern sowie Nicht-Verstandenes klären können.
   (In Anlehnung an Spiegel 2009: 200 und Rösch 2011: 183)

Rösch (2011) schlägt weiterhin vor, die Menge des zu Hörenden zu reduzieren oder die Präsentation durch vermehrte Zwischenschritte zu verzögern. „Students who learn to control their listening processes can enhance their comprehension. This, in turn, affects the development of other skills and overall success in L2 learning." (Vandergrift 2007: 191) Eine *Zuhördidaktik* ist allerdings derzeit erst im Entstehen (jedoch Spinner 1988, Spiegel 2009); es fehlt damit bislang für den deutschen Sprachraum eine empirische Basis dafür, bestimmte Methoden in besonderem Maße zu empfehlen oder hervorzuheben.

2.4 Diagnose: Mündliche Fähigkeiten erheben und beurteilen

Ziel dieses Abschnitts kann es nicht sein, die Fülle an Verfahren zur Sprachstandserhebung vorzustellen. Vielmehr wird in diesem Abschnitt die Bedeutung der Sprachdiagnostik für den Deutschunterricht betont und es werden Möglichkeiten und Schwierigkeiten für die Beurteilung mündlicher Fähigkeiten benannt. Anhand exemplarischer Lehr- bzw. Bildungspläne werden Vorgaben zur Leistungsbeurteilung veranschaulicht und diskutiert. Zunächst ist jedoch für die Diagnostik generell (über alle Kompetenzbereiche hinweg) festzuhalten, dass es bislang kaum standardisierte Verfahren für SuS mit DaZ gibt (jedoch

Schulz / Tracy 2011). Somit muss für die jeweiligen Kapitel zur Diagnostik mehrheitlich auf informelle Verfahren und Vorgehensweisen zurückgegriffen werden.

Sprachliche Fähigkeiten erfassen

Mündliche Fähigkeiten sind nicht direkt beobachtbar (Schulz et al. 2009: 127). Unsystematischen Einschätzungen liegt die Annahme zugrunde, es sei möglich, intuitiv die Fähigkeiten des Kindes adäquat zu beurteilen (Fried 2004). Mit Verweis auf die Wahrnehmungspsychologie wird jedoch klar, dass die objektive Beobachtung in einer Alltagssituation beinahe unmöglich ist; auch die Sprachwissenschaft bezieht hierzu klar Stellung und sieht die mündliche Sprachproduktion und -rezeption als nicht ad hoc beobachtbar an (Geist 2013). So argumentieren Wenzel et al. (2009: 48), dass Alltagssituationen nur begrenzt nutzbar sind, um detaillierte Kenntnisse über sprachliche Fähigkeiten zu gewinnen. Sie können nur durch systematische und standardisierte Verfahren zuverlässig erfasst werden (Schulz et al. 2009: 122).

Warum ist das so? In sprachlichen Kontexten beeinflusst bereits die Frage, die eine Lehrkraft stellt, die darauffolgende Reaktion. Stellt die Lehrkraft eine Entscheidungsfrage, wird mit *ja* oder *nein* geantwortet. Stellt sie eine Ergänzungsfrage, reicht eine elliptische Antwort, die das erfragte Satzglied enthält, aus.

L: Wo findet Rico die Fundnudel? S: Auf dem Bürgersteig.

Die Aufforderung, auf die obige Frage in einem vollständigen Satz zu antworten, erfolgt immer wieder in unterrichtlichen Settings und Sprachförderstunden. Dabei ist es kommunikativ nicht erforderlich, die bereits gegebenen Informationen zu wiederholen. In nicht-standardisierter Kommunikation liegt demnach die komplette Verantwortung für die sprachlichen Äußerungen, die überhaupt erfasst werden können, bei der Lehrkraft. Eine Frage, die eine syntaktisch komplexere Antwort verlangt, sehen wir im folgenden Beispiel:

L: Was macht Rico, nachdem er die Fundnudel gefunden hat?
S: (Er) geht ins Haus (und fragt, wem die Nudel gehört).

Standardisierte linguistisch fundierte Sprachstandserhebungsverfahren wie LiSe-DaZ (Schulz / Tracy 2011) haben die Items, mittels derer bestimmte sprachliche Fähigkeiten überprüft werden sollen, umfangreich erprobt. Vergleichbare Verfahren liegen für die höheren Grundschulklassen und die Sekundarstufe bislang leider noch nicht vor. Webersik (2015) zeigt allerdings, wie es möglich ist, in der Grundschule (Klasse 3) zumindest die Flüchtigkeit gesprochener Sprache aufzuheben, indem sie die Äußerungen von 150 Kindern zu drei Videoclips aufnimmt und transkribiert. So gelang es ihr, lexikalische und morphosyntaktische Phänomene sowie Spezifika der mündlichen Sprache wie Selbstkorrekturen zu erfassen, nicht jedoch Nominalisierungen oder man-Konstruktionen (ebd.: 208 und 283 f.).

Beispiele für Selbstkorrekturen: SCH: *dann ham das noch so ne **Fahne** angebastelt **Segel**.* (Webersik 2015, Anhang: 27)

Beispiel Selbstkorrektur und nicht-zielsprachlich produzierter Plural: SCH: *Der sieht <die Mädchens> [//] äh die Kinders* (ebd. Anhang: 50)

Beispiel Selbstkorrektur und Nebensatz mit Verbendstellung, außerdem zielsprachliche Produktion der Negationspartikel und korrekte Subjekt-Verb-Kongruenz: SCH: *Weil <wenn man nicht> [//] wenn man die Stecknadel nicht reinmacht, dann kann sich das nicht mit dem Hölzchen bewegen.* (ebd. Anhang: 56)

Bereits in der Konzeption von Aufgaben und Testverfahren ist es nicht zu empfehlen, „Können und sprachliches Wissen oder auch automatisierte und kontrollierte Sprachverarbeitung" (Schöler 2006: 901, Bredel 2013: 95) zu konfundieren. Selbstverständlich ist die Auswahl des Verfahrens zur Sprachstandserhebung stets mit Blick auf die zu erfassenden sprachlichen Fähigkeiten zu treffen. So kann beispielsweise die Erzählkompetenz mit LiSe-DaZ (Schulz / Tracy 2011) nicht erfasst werden, jedoch auf der Grundlage von Bildern beispielsweise mit HAVAS 5 (Reich / Roth 2004). Vergleichbares gilt umso mehr für das Sprachverständnis. Der Einfluss des Kontextes auf das verstehende Zuhören kann nur in standardisierten Situationen gesteuert und vergleichbar gehalten werden (s. hierzu u. a. Schulz 2013).

Zur Erfassung diskursiver Fähigkeiten in unterrichtlichen Kontexten liegt für die Forschung das linguistische Analyse-Instrument GLOBE (Hausendorf / Quasthoff, 1996) vor, das die Anteile der Lernenden im Rahmen der drei Diskurskompetenzen Kontextualisierung, Vertextung und Markierung erfasst; für die Anwendung in der schulischen Praxis ist jedoch noch kein Verfahren bekannt.

Beurteilung und Bewertung

Derzeit gibt es unseres Wissens keine Regelung für eine besondere Leistungsbeurteilung von SuS mit DaZ im Bereich *Sprechen und Zuhören*. Im sächsischen Lehrplan DaZ ist zumindest für die erste und zweite Etappe (s. Kap. 1.1) festgeschrieben, dass die SuS eine Rückmeldung über ihre Leistungen auf der Grundlage des Lehrplans und unter der Berücksichtigung der zeitlichen Ausdehnung des Lernprozesses erhalten.

> Eine Benotung findet während der ersten und zweiten Etappe nicht statt, weder in Deutsch als Zweitsprache noch in den Integrationsfächern. Zu Beginn der dritten Etappe kann über noch bestehende Schwächen in der deutschen Sprache hinweggesehen werden, wenn der Leistungsstand im allgemeinen [sic] den Anforderungen aller Unterrichtsfächer entspricht und eine erfolgreiche Mitarbeit erwartet werden kann. (Lehrplan DaZ, Sächsisches Staatsministerium für Kultus 2009: 10)

Es ist nicht definiert, was es konkret bedeutet „über noch bestehende Schwächen in der deutschen Sprache" hinwegzusehen, sind diese doch bei SuS mit DaZ durchaus langfristig und auf verschiedenen sprachlichen Ebenen zu erwarten. Es ist nicht möglich, die Mitarbeit sowie die Erfüllung von Anforderungen im Unterricht zu beurteilen, ohne zu berücksichtigen, dass SuS abhängig von ihrer Kontaktdauer zur L2, der Qualität und Quantität des Inputs und anderen Faktoren nicht die gleichen sprachlichen Voraussetzungen haben, um z. B. eine Aufgabenstellung zu verstehen oder ad hoc auf eine Frage im Unterricht zu antworten. Exemplarisch sei hier ein Passus eines Erlasses aus Nordrhein-Westfalen genannt, der Lehrkräften zumindest die Möglichkeit bietet, Beurteilungen unter Berücksichtigung des Zweitspracherwerbs zu treffen:

> Bei der Beurteilung der Leistungen sollen sprachlich bedingte Erschwernisse des Lernens angemessen berücksichtigt und im Zeugnis erläutert werden, soweit die jeweils anzuwendende Ausbildungs- und Prüfungsordnung es zulässt. (Ministerium für Schule und Bildung NRW, RdErl. d. v. 28.06.2016: 4.3)

Es ist dringend zu diskutieren, wie insbesondere SuS, die im Verlauf ihrer Schullaufbahn nach Deutschland gezogen sind und somit zum Zeitpunkt der Vollintegration in eine Regelklasse noch wenig Kontakt zum Deutschen hatten, beurteilt werden. Dies betrifft nicht nur die mündlichen, sondern auch die schriftlichen Leistungen. Zum Schuljahresende stehen zahlreiche Lehrkräfte vor der Herausforderung, Übergangsentscheidungen zu fällen oder Empfehlungen zu geben, die v. a. in Bundesländern mit einem dreigliedrigen Schulsystem eine erste Weichenstellung für die SuS darstellen. Könnte die Erfassung der sprachlichen Fähigkeiten (mündlich und schriftlich) als ergänzende Grundlage dienen, um SuS mit DaZ Unterstützungen in Prüfungssituationen (wie z. B. Wörterbuchnutzung, Übersetzungen, mehr Zeit, zusätzliche sprachliche Unterstützung o. ä.) zu gewähren und / oder ihre Lernvoraussetzungen in der Benotung zu berücksichtigen? Eine solche Erfassung könnte auch als Argument für die Notwendigkeit zusätzlicher Ressourcen genutzt werden. Nur selten werden Lehrkräfte im Unterricht von Kollegen mit einer Ausbildung im Bereich DaZ unterstützt, indem sie im Team unterrichten und / oder die DaZ-Lehrkraft durch die Differenzierung von Materialien einen Beitrag zu einem sprachsensiblen Unterricht leistet. Eine präzise Feststellung sprachlicher Fähigkeiten und Schwächen wäre eine wesentliche Voraussetzung für die Bereitstellung solcher Ressourcen für die unterrichtsintegrierte Sprachbildung und die ergänzende Sprachförderung.

2.5 Aufgaben

1. Analysieren Sie die Äußerungen der Schülerin (s. auch Kap. 2.3) in LiSe-DaZ (Schulz / Tracy 2011) im Hinblick auf den Kasuserwerb.

Item	Äußerung des Untersuchers	Äußerung der Schülerin
9.1	Das Eichhörnchen sitzt …?	auf dem Baum
9.2	(und) die Enten sind …?	im Wasser
9.3	(und) der Hase sitzt …?	hinter den Ball
10.1a	Die Karotte gibt sie wem?	Karotte an dieses Hase
10.1b	Und für wen sind die Nüsse?	Nüsse für die Eichhörnchen
10.1c	und wem hat sie das Brot gegeben?	die Enten

2. Reflektieren Sie die Möglichkeiten und Grenzen, die Sie persönlich für den Einsatz der Erstsprachen im Unterrichtsalltag sehen. Beschreiben Sie eine Situation / Aufgabe, in der Ihnen die Möglichkeit zur freien Wahl der verwendeten Sprache gewinnbringend erscheint.

2.6 Weiterführende Literaturhinweise

Für eine differenzierte Darstellung des Kompetenzbereichs *Sprechen und Zuhören* s. Becker-Mrotzek 2012 (DTP-Band). Eine Übersicht zu Übungen im Bereich *Sprechen und Zuhören* bietet Pabst-Weinschenk (2012).

3 Lesen

Kontext: Drei Schülerinnen unterhalten sich seit sechs Minuten in einer Kleingruppenarbeit (einem sogenannten Rechtschreibgespräch), angeleitet durch einen Fragenfächer, über den ‚harten Brocken' *Goldschatztruhenschloss*. Jede Schülerin hat zu diesem Zeitpunkt ihre ‚Aufpassstellen' genannt.

1	K:	Hast du noch was? (01.17) Was du ergänzen könntest?
	Z:	h h ((schüttelt den Kopf))
2	K:	Dann nein, oder? Willst du die nächste Frage vorlesen? ((räuspert sich)) Die zweite. Genau die
	Z:	Wo könnten andere Kinder – (---) äh (02.04)
3	K:	Zum Beispiel.
	Z:	Zum Beispiel (---) Erst/ (02.14)
4	K:	Erst?
	Z:	Klä/ (02.32) Wo könnten andere Kinder zum Beispiel Erst/ (4.90) Kläsler?
5	K:	Ja. Erstklässler
	Z:	(01.68) Beim Schreiben des Wortes unsicher sein. Umkreist alle schwierigen Stellen an dem großen Wort.
6	K:	OK

Dieses kurze Beispiel zeigt eine Vorlesesituation zwischen Zainal (Z, zehn J., 13 KM zum Deutschen), Klara (K) und Alexandra (beide neun J., DaE).[12] Die vorzulesenden Sätze (entnommen aus dem Fragenfächer für Rechtschreibgespräche) lauten: *„Wo könnten andere Kinder (z. B. Erstklässler) beim Schreiben des Wortes unsicher sein? Umkreist alle schwierigen Stellen an dem großen Wort."*

Deutlich wird neben bestimmten Hürden, die die Leseaufgabe enthält (beispielsweise die Abkürzung *z. B.* oder das offenbar unbekannte Wort *Erstklässler*), auch die Gruppendynamik innerhalb solcher Settings, die bei der Planung von Leseaufgaben zu berücksichtigen ist. Eine Herausforderung besteht hier – wie auch in Lesetandems (s. Kap. 3.4) – nicht nur für den/die Lesende(n), sondern auch für den/die

12 Dieses Rechtschreibgespräch wurde von Christopher Hesselbarth im Rahmen seiner Examensarbeit erhoben und transkribiert; wir danken herzlich für die Abdruckerlaubnis. Die Daten stammen aus der ersten Pilotierung des Fragenfächers, die Abkürzung *z. B.* ist in der Aufgabenstellung inzwischen nicht mehr enthalten.

Zuhörende(n) (insbesondere Klara). Wie lange gibt man dem/der Lesenden Zeit, ein Wort zu erlesen? Klara wartet im Anschluss an Zainals *„äh"* (Abschnitt 2) ca. zwei Sekunden, ebenso nach Zainals Wortabbruch *„Erst"* (Abschnitt 3), bis sie das korrekte Wort selbst vorliest bzw. vervollständigt. Klaras *„Ja. Erstklässler"* (Abschnitt 5) kann als Bestätigung und Lob, dass Zainal das schwierige Wort erlesen hat, als Korrektur, jedoch auch als Imitation eines Lehrerduktus (wie er sich auch an anderen Stellen im Gespräch findet) interpretiert werden. Deutlich wird in jedem Fall, dass die Erforschung von Lesetandems mit dem Blick auf die sprachliche Heterogenität der teilnehmenden SuS dringend erforderlich ist.

Dass Lesekompetenz sich nicht zwangs- und beiläufig als ‚Nebenprodukt' schulischer Lernprozesse entwickelt, haben die schlechten Ergebnisse der PISA-Studie deutlich gemacht: SuS in Deutschland offenbarten dabei im Vergleich zu denen anderer Länder eklatante Schwächen, und dies betraf insbesondere Kinder und Jugendliche mit sogenannten ‚ungünstigen Lernvoraussetzungen' sowie mit Migrationshintergrund; Jungen waren dabei überdurchschnittlich häufig betroffen (z. B. Klieme et al. 2010: 46 ff.). Insofern ist es besonders wichtig, dass die Leseförderung im Deutschunterricht der Regelklasse nicht nur geplant und systematisch stattfindet, sondern auch und gerade die Bedürfnisse mehrsprachiger SuS berücksichtigt. In neueren Schulvergleichsstudien haben sich die Differenzen zwischen den Gruppen mit und ohne Migrationshintergrund deutlich verringert, sind jedoch immer noch vorhanden (u. a. Kalkavan 2012a: 10 ff.); allerdings zeigte sich auch, „dass zweisprachige Gymnasiasten und auch solche mit einer nicht deutschen Erstsprache besser lesen als Gleichaltrige mit deutscher Erstsprache in der Real-, Gesamt- oder Hauptschule." (Gailberger / Willenberg 2008: 68). Insgesamt ist der sozioökonomische Status der Familie der weitaus einflussreichere Effekt auf die Lesekompetenz von SuS mit und ohne Migrationshintergrund (Bildungsbericht 2016).

In diesem Kapitel werden zunächst fachliche Grundlagen geklärt: Welche Fähigkeiten sind für einen gelingenden Leseprozess notwendig, und wie entwickeln sie sich bei Kindern und Jugendlichen mit DaZ? Anschließend werden die besonders seit dem ‚PISA-Schock' sich verbreitenden Methoden der Leseförderung beschrieben und einer kritischen Betrachtung hinsichtlich ihrer Eignung für mehrsprachige Lerngruppen unterzogen.

3.1 Fachliche Grundlagen: Leseprozess und Lesekompetenz

Ein verbreitetes Missverständnis besteht darin, Lesen als einen passiven, vom Gegenstand (d.h. dem zu lesenden Text) bestimmten Rezeptionsvorgang anzusehen. Demgegenüber beschreibt die moderne Kognitionspsychologie (z.B. Christmann / Groeben 2001: 145 ff.) das Lesen bzw. Textverstehen als eine kognitiv-aktive Rekonstruktion von Informationen, bei der es zu einer Wechselwirkung zwischen Text und Leser(in) kommt. Bei dieser Interaktion gilt es, sprachlich vermittelte Informationen mit dem Kontext und dem Vorwissen (inhaltlicher und sprachlicher Art) zu verknüpfen – es handelt sich also um einen Prozess, in dem die lesende Person einen höchst aktiven Part übernimmt.

Teilprozesse des Lesens lassen sich auf drei Ebenen beschreiben, wobei diese nicht in einem zeitlichen Nacheinander, sondern parallel und asymmetrisch ablaufen (Ehlers 2014: 216). Auf der *Wortebene* werden Buchstaben und Wörter identifiziert; hierfür ist neben dem Erkennen ganzer, im mentalen Lexikon gespeicherter Einheiten auch die Fähigkeit zur alphabetischen bzw. morphologischen Dekodierung komplexer Einheiten verantwortlich. Auf der *Satzebene* werden „Wortfolgen aufeinander bezogen und in ein strukturiertes Gesamtgefüge gebracht" (Christmann / Groeben 2001: 152). Der Syntax kommt hierbei eine Brückenfunktion zu: Satzstrukturen unterstützen den Aufbau semantischer Sinneinheiten, werden aber i.d.R. wieder vergessen, sobald diese konstruiert sind. Zuletzt findet auf der *Textebene* eine satzübergreifende Integration statt, bei der die Propositionen einzelner Sätze in einen sinnvollen Zusammenhang gebracht werden (ebd.: 157 ff.). Hierbei ist wichtig, dass die lesende Person nicht nur textinterne Informationen und Verknüpfungssignale nutzt, sondern auch Verbindungen erkennt, die nicht im Text markiert sind, Informationen aus dem ihm / ihr zur Verfügung stehenden Weltwissen hinzufügt und eigene Schlussprozesse durchführt (Ehlers 2008: 218). Die Leseforschung (für einen Überblick ebd.: 222 ff.) unterscheidet verschiedene Typen von solchen *Inferenzen* (von lat. inferre: hineintragen, es wird also etwas in den Text importiert), von denen wir hier einige exemplarisch nennen:

- Herstellung von Referenzidentität
- Erschließung von kausalen Ursachen oder Folgen
- Erkennen der Emotionen von Figuren eines Textes
- Ermittlung der Eigenschaften von Figuren oder Objekten eines Textes
- Erschließung von kommunikativen Intentionen eines Autors

Die Förderung von Lesekompetenz gilt im Deutschunterricht zunächst als ureigene Aufgabe des Anfangsunterrichts. Bei diesem basalen Leseerwerb, der sich zunächst der *Wortebene* (s. o.) widmet, lassen sich zwei Wege des Worterkennens unterscheiden (Scheerer-Neumann 2006): Als Leseanfänger(in) beginnt das Kind zunächst mit dem *direkten, ‚naiven' Worterkennen*. Dabei werden z. B. der eigene Name, Logos und andere Einheiten, die in der alltäglichen Umgebung auftauchen, mit einer Bedeutung verknüpft, ohne dass das Kind in der Lage wäre, die komplexen Strukturen in ihre Einzelteile zu zerlegen. Spätestens nach Schuleintritt wird diese Strategie – zumeist angeregt durch den klassischen analytisch-synthetischen Unterricht oder andere lautorientierte Verfahren (Hochstadt et al. 2015: 52 ff.) – durch das *indirekte, alphabetische Erlesen* verdrängt. Dem Kind wurde das Prinzip des phonographischen Schriftsystems vermittelt und es ist damit in der Lage, auch unbekannte Einheiten zu dekodieren. Allerdings ist diese Technik sehr zeitaufwändig und führt häufig nur zu sogenannten Wortvorformen, aus denen dann mühsam auf das eigentlich zu erlesende Wort geschlossen werden muss. Beschleunigen lässt sich dieser Prozess durch silbenorientierte Verfahren, die das Zusammenschleifen von Lauten zu prosodischen Einheiten unterstützen (Bredel et al. 2011, s. auch Kap. 4.3). Unabhängig davon ist das Kind aber in dieser Phase noch nicht zwangsläufig in der Lage, den Inhalt von Texten, die seinen kognitiven Fähigkeiten entsprechen, selbständig zu erfassen, sodass es sogar zu einer regelrechten ‚ersten Lesekrise' kommen kann, wenn nicht z. B. durch häufiges Vorlesen und anderweitige Beschäftigung mit (literarischen und nicht-literarischen) Texten in Familie und Schule gegengesteuert wird.

Für einen Fortschritt im Leseerwerb ist eine weitgehende Automatisierung notwendig, die durch ein direktes Erkennen von Wörtern, Morphemen und weiteren funktionalen Einheiten ermöglicht wird. Kompetente Leser(innen) tendieren nun also wieder zum *direkten Worterkennen* – allerdings auf einer qualitativ anderen Stufe als zu Beginn, weil sie nun in der Lage sind, die gespeicherten Einheiten zu durchgliedern und bei Bedarf neue Einheiten alphabetisch oder mittels ihrer morphologischen Struktur zu erschließen (Christmann / Groeben 2001: 151).

Als fatal erwies sich die Fehlannahme, eine gezielte Förderung von Lesekompetenz sei nur zu Beginn der Grundschulzeit notwendig, ansonsten werde sie sich als ‚Nebenprodukt' der vielen Leseaktivitäten im Deutschunterricht sowie auch in anderen Fächern nebenbei entwickeln. Wichtig für die ‚Neuentdeckung' dieses Arbeitsbereichs war die PISA-Studie von 2001.

Die PISA-Studie erhebt nicht den Anspruch, Lesen (auch literarisches Lesen) in all seinen Facetten zu erfassen. Es geht ausdrücklich um die Fähigkeit, das Lesen zur eigenen Lebensbewältigung einzusetzen (reading literacy, s. Deutsches PISA-Konsortium 2001: 24). Diese Kompetenz ist insbesondere beim Umgang mit Sach- oder Gebrauchstexten erforderlich. Dass diese wiederum nicht auf den Deutschunterricht beschränkt sind, sondern in allen Fächern eingesetzt werden und auch außerhalb der Schule in persönlichen und beruflichen Kontexten allgegenwärtig sind, macht die Bedeutung von *reading literacy* für die Entwicklung von Kindern und Jugendlichen deutlich. Aus dem im Rahmen der PISA-Studie entwickelten Verständnis von *reading literacy* wurden drei Subskalen abgeleitet, die jeweils in fünf bzw. sieben Kompetenzstufen untergliedert sind: *Informationen ermitteln, textbezogenes Interpretieren sowie Reflektieren und Bewerten*.

Die deutschen SuS erzielten bei der ersten PISA-Untersuchung alarmierende Ergebnisse: Nahezu ein Viertel der 15-jährigen SuS erreichten nicht den Mindeststandard der 2. Kompetenzstufe. Auch zeigte sich in lesediagnostischer Hinsicht ein ‚blinder Fleck' im deutschen Schulwesen: Nur 11 % der als ‚Risikoschüler' identifizierten SuS waren von ihren Lehrkräften als leseschwach eingestuft worden (Schmid-Barkow 2010: 226 ff.).

Das der PISA-Studie zugrundeliegende Modell von Lesekompetenz wurde in der Deutschdidaktik seither vielfach kritisiert, weil es einem reduzierten Lesebegriff Vorschub leiste und Lesekompetenz auf die sogenannte *reading literacy* beschränke (z. B. Hochstadt et al. 2015: 115 ff.). Wir verzichten hier auf eine weitere Darstellung der Diskussion und legen im Folgenden das erweiterte Mehrebenenmodell des Lesens nach Rosebrock / Nix (2014: 11) zugrunde, das neben der *Prozessebene* auch die *Subjekt-* und die *soziale Ebene* berücksichtigt und somit geeignet ist, die für den Deutschunterricht relevanten Dimensionen des Lesens (im Hinblick auf Sach- *und* literarische Texte) abzubilden (s. Abb. 7). Neben der kognitiven Prozessebene (z. B.: Wie verhält sich diese Figur? Wovon handelt der Text?) wird hier auch die subjektive Beteiligung (z. B.: Wie fühlt sich diese Figur? Stimme ich der Aussage des Textes zu?) und die Fähigkeit zur Anschlusskommunikation (z. B.: Wie kann ich mit anderen über diesen Text sprechen? Wie lassen sich Aspekte des Textes präsentieren?) mit ins Spiel gebracht (Rosebrock 2012: 4 ff.).

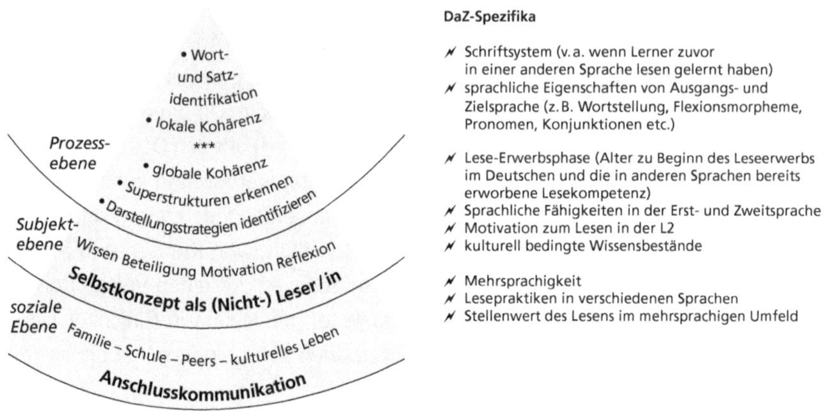

Abb. 7: Mehrebenenmodell des Lesens (aufbauend auf Rosebrock / Nix 2014: 16), ergänzt um DaZ-Spezifika (s. auch Rösch 2011: 190 ff.)

Prozessebene

Die aktuelle Forschung hebt unter anderem die Bedeutung von Leseflüssigkeit (*fluency*) hervor, die für das Verstehen von Texten unverzichtbar ist. Leseflüssigkeit umfasst dabei verschiedene Teilaspekte oder Dimensionen (Rosebrock / Nix 2014: 35 ff.):

- *Dekodiergenauigkeit* (die Fähigkeit, Wörter ohne Verlesungen dekodieren zu können)
- *Automatisierung der Dekodierprozesse* (mit hoher Geschwindigkeit, mühelos, autonom und unbewusst)
- *Angemessene Lesegeschwindigkeit* (Voraussetzung dafür, dass auch umfangreiche Einheiten erfasst und konstruktiv verarbeitet werden können)
- *Fähigkeit zum ausdrucksstarken Vorlesen* (sinngemäße Betonung und Segmentierung)

Für Leser(innen) mit DaZ bzw. mehrsprachige Leser(innen) haben das Schriftsystem und die Sprache des zu lesenden Materials einen Einfluss auf die Leseflüssigkeit. So bestimmt das Schriftsystem die Leserichtung (z. B. Deutsch von links nach rechts, Arabisch von rechts nach links), und einzelne Grapheme bis hin zum gesamten Grapheminventar können sich ebenso unterscheiden wie die Graphem-Phonem-Zuordnung bei ein und demselben Graphem, was zu Interferenzen beim lauten Lesen führen kann (s. die Ausführungen zum Schriftvergleich unter 4.1).

Auch über konkrete Oberflächenmerkmale hinaus stellt das Lesen in einer L2 auf der Prozessebene andere Herausforderungen als das Lesen in der L1. So bestehen nicht nur hinsichtlich des Wortschatzes und der Wortbildung Unterschiede zwischen den Sprachen, sondern auch hinsichtlich der Wortstellung im Satz, was dazu führen kann, dass lokale Kohärenz nicht bzw. weniger schnell hergestellt wird. Auch Eigenheiten der für die Textverknüpfung wichtigen Pronomen (z. B. im Deutschen *sie* für 3. Person Plural und 3. Person Singular Femininum, jedoch im Englischen *she* vs. *they*) erschweren die Kohärenzbildung möglicherweise. Probleme können darüber hinaus auch dann entstehen, wenn metaphorische Ausdrücke oder idiomatische Redewendungen *(„Da ließ er die Katze aus dem Sack!")* nicht unmittelbar verarbeitet werden können. Neben unterschiedlicher Leseflüssigkeit abhängig davon, ob in der L1 oder L2 gelesen wird, wird demnach auch das Textverständnis variieren, da ggf. Kohärenzen und Superstrukturen nicht in beiden Sprachen erkannt werden.

Subjektebene

Auch die Subjektebene wird durch die Mehrsprachigkeit der lesenden Person beeinflusst. Neben dem außersprachlichen Wissen sind hier die sprachlichen Fähigkeiten zu verorten: Wie groß ist der Wortschatz des Lesers, wie ausgebildet seine syntaktischen Fähigkeiten oder das Wissen über Textformen in der L1 und / oder L2? Diese Fähigkeiten beeinflussen das Selbstkonzept. Es ist davon auszugehen, dass SuS ggf. unterschiedliche Selbstkonzepte als (Nicht-) Leser(in) abhängig von der zu lesenden Sprache haben. So kann ein Schüler wie KARIM fließend Dari lesen und auch das Lesen auf Englisch fällt ihm leicht, während ihm das Lesen in der neuen L2 Deutsch (noch) schwerfällt und er sich nur Texte mit geringerer Komplexität zutraut. CLAUDIU ist dagegen nur im Deutschen alphabetisiert und hat nicht die Möglichkeit, parallel zu seinen Schwierigkeiten im Lesen von deutschen Texten ein weiteres Selbstkonzept als Leser in seiner L1 aufzubauen.

Auch das Leseerwerbsalter spielt in der Gegenüberstellung von EBRU, CLAUDIU und KARIM eine große Rolle. Beginnt der Leseerwerb, wie bei EBRU, zu einem Zeitpunkt, an dem sich die sprachlichen Fähigkeiten in der L2 bereits mehrere Jahre entwickelt haben, oder parallel zum Zweitspracherwerb, wie bei CLAUDIU und KARIM? Wurden positive Erfahrungen mit dem Lesen in der L2, z. B. beim Vorlesen in der Kita, gesammelt? Haben die SuS bereits die Erfahrung gemacht, dass sie sich über das Lesen selbständig Informationen aneignen können, die sie persönlich interessieren, und möchten sie dies nun auch in der neuen Umgebungssprache Deutsch praktizieren? Bislang wissen wir wenig über Unterschiede in der Motivation, Beteiligung und Reflexion von Lesern in Abhängigkeit der zu lesenden Sprache. Lesezeiten, in der die Sprache, in der gelesen wird, selbst gewählt werden darf (Brandt / Gogolin 2016), könnten zukünftig auch mit Blick auf das Selbstkonzept des Lesers erforscht werden. Es gilt, Konzepte zu entwickeln, die Transferleistungen für die Reflexion auf Subjektebene im Unterrichtsgespräch aufbereiten.

Soziale Ebene

Für die Anschlusskommunikation sind die Einsprachigkeit des zu lesenden Materials und die Mehrsprachigkeit des Alltags der SuS von großer Bedeutung. Es stellt sich demnach die Frage, ob das zu lesende Material auch in der L1 vorliegt, um z. B. eine Anschlusskommunikation in der Familie zu ermöglichen. Ebenso ist die Frage, ob Anschlusskommunikation in der Schule bewusst mehrsprachig gestaltet werden kann, um Verständnisschwierigkeiten und Missverständnisse, die sich durch das in der L2 verfasste Material ggf. ergeben, zu bearbeiten.

In dem Mehrebenenmodell von Rosebrock / Nix (2014) wird die Relevanz der sozialen Ebene bereits deutlich, bildet sie doch insbesondere für Leser aus bildungsfernen Elternhäusern eine entscheidende Grundlage. Die bereits in der Einleitung beschriebene Bildungsungleichheit spiegelt sich in den unterschiedlichen Erfahrungen mit Medien und somit auch mit (vor-)schulischen (Vor-) Leseerfahrungen wider. Umso mehr gilt es, in Bildungsinstitutionen positive (Vor-)Leseerlebnisse zu ermöglichen und Raum für die Anschlusskommunikation mit Lehrkräften und anderen SuS zu geben.

3.2 Lernausgangslage: Lesekompetenz

Probleme im Leseerwerb, wie sie schon seit Anfang des 20. Jahrhunderts unter Begriffen wie Legasthenie, Lese-Rechtschreib-Störung, Lese-Recht-schreib-schwäche oder (aktuell) Lese-Rechtschreibschwierigkeiten beschrieben werden (für einen Überblick s. Scheerer-Neumann 2015), können die unterschiedlichsten Ursachen haben und betreffen als klinische Diagnose ebenso SuS mit DaE wie DaZ. In den Fokus nehmen möchten wir an dieser Stelle jedoch Besonderheiten im Leseerwerb, die nicht auf eine klinische Auffälligkeit zurückzuführen sind: Auch die Sprachbiographie und soziale Einflüsse können Auswirkungen auf die Entwicklung der Lesekompetenz haben (s. Abb. 7). Lenhard (2013: 52) nennt drei Gruppen von SuS, die sich durch einen erhöhten Anteil von schwachen Lesern auszeichnen: (1) Kinder und Jugendliche mit Migrationshintergrund, (2) Jungen sowie (3) Kinder und Jugendliche aus Familien mit niedrigem sozioökonomischem Status. Dies bedeutet u. a., dass beispielsweise männliche Erstsprachlerner aus bildungsfernen Elternhäusern oft ähnliche Schwierigkeiten wie die im Folgenden für Zweitsprachlerner beschriebenen aufweisen (zur Bedeutung familiärer Verhältnisse für die Entwicklung von Literalität Nickel 2011). Es gibt jedoch einige Faktoren, die bei der Zielgruppe der Zweitsprachlerner besonders berücksichtigt werden müssen.

Zunächst handelt es sich dabei um Kompetenzen, die durch den mündlichen Spracherwerb sowie den Erwerb von *Lesefähigkeit und Literalität in der L1* bereits vorliegen und die zu großen Teilen auf die L2 übertragen werden können, wenn die notwendigen Bedingungen dafür geschaffen werden. Diese Übertragung ist nicht auf die mediale Schriftlichkeit beschränkt: So konnten z. B. Edele / Stanat (2016) zeigen, dass die Fähigkeit zum verstehenden Zuhören in der L1 eng mit der Entwicklung von Lesefähigkeit in der L2 zusammenhängt. Dies betrifft beispielsweise KARIM, der umfangreiche Fähigkeiten in seiner L1 (und in der Fremdsprache Englisch) erworben hat und dadurch in der Lage ist, Superstrukturen zu erkennen oder Darstellungsstrategien zu identifizieren. Besonders auf der hierarchieniedrigen *Prozessebene* (Wort- und Satzidentifikation und Herstellung lokaler Kohärenz) ist noch einiges an Arbeit zu leisten. Aufgrund des positiven Selbstbildes als Leser (*Subjektebene*) und der vorhandenen Bereitschaft und Gelegenheit zur Anschlusskommunikation (*soziale Ebene*) kann jedoch eine günstige Weiterentwicklung erwartet werden. Ähnliches gilt in abgeschwächter Form für EBRU, die zwar in der L1 noch weniger schriftsprachliche Kompetenzen entwickelt hat, aber im Rahmen des Herkunftssprachenunterrichts und in der Familie vom hohen Stellenwert der geschriebenen Sprache profitieren kann. CLAUDIU hat dagegen im Rumänischen bisher keinen Leseerwerb durchlaufen und erfährt in seinem persönlichen Umfeld auch wenig diesbezügliche Verstärkung, so dass es hier besonders auf eine gezielte Förderung in der L2 ankommt, die neben einer allgemeinen sprachlichen Unterstützung (z. B. hinsichtlich Wortschatz und Grammatik) auch explizit die Lesekompetenz auf den oben genannten Ebenen adressieren muss.

Mangelnde bzw. nicht altersgerecht entwickelte *Kenntnisse in der L2*, wie sie bei CLAUDIU vorliegen, können die Lesefähigkeit beeinträchtigen. Sprachschwierigkeiten dieser Art sind bei frühen L2-Lernern, die alltägliche Kommunikationssituationen meist problemlos bewältigen, häufig „verdeckt" (Knapp 1999): Sie fallen in den ersten Schuljahren wegen des Übergewichts der konzeptionellen Mündlichkeit (s. Kap. 2.2) im Unterrichtsalltag nicht auf und werden erst sichtbar, wenn komplexere schriftliche Einheiten produziert oder rezipiert werden sollen. In besonderem Maße betrifft diese Problematik auch späte L2-Lerner wie KARIM, dem häufig der notwendige (Fach-)Wortschatz oder das Verständnis komplexer grammatischer Konstruktionen fehlt, um sich Texte, deren inhaltliche Erarbeitung ihm aufgrund seiner kognitiven Fähigkeiten und seines Weltwissens eigentlich möglich sein sollte, zu erschließen. Während er allerdings von den umfangreichen Literalitätserfahrungen in seiner L1 profitieren dürfte, können für andere SuS mit DaZ zusätzlich mangelnde *erstsprachliche Lesefähigkeiten* ein Hindernis im Ausbau ihrer Lesekompetenz darstellen. Abhängig ist dies vom Umgang mit Schriftkultur, dem ein Kind vor allem in den ersten Lebensjahren ausgesetzt ist:

> Das Anbahnen von Literalität in der frühkindlichen Bildung beinhaltet Erfahrungen und Kompetenzen im Umgang mit Büchern oder anderen Printmedien, es beinhaltet das Erzählen und Vorlesen von Geschichten, das Vorsprechen oder gemeinsame Sprechen (und endlose Wiederholen!) von Reimen und das Singen von Liedern. Aber auch die Beschäftigung mit Zeichen und Schrift/en gehört dazu. (Schulte-Bunert 2012: 119)

Wenn dies in der / den Familiensprache/n geschieht, kann es sich im Sinne einer familialen Schrift- und damit Lesekultur positiv auf den Leseerwerb in der deutschen Sprache auswirken – ebenso wie eine gezielte Unterweisung im Rahmen des muttersprachlichen Unterrichts. So weisen Studien darauf hin, dass „Lerner, die bereits in ihrer L1 lesen gelernt haben, [...] potentiell und unter bestimmten Bedingungen die zuerst erworbene Lesefähigkeit auf das Lesen in einer zweiten Sprache transferieren [können]" (Ehlers 2008: 220).

Die Formulierung pauschaler Einschätzungen zur Lesekompetenz von Kindern und Jugendlichen mit DaZ wird also durch die vielfältigen individuellen Ausgangsbedingungen erschwert. Trotzdem beschreibt Ehlers (2014: 218 ff.) zumindest zwei Besonderheiten, die durchschnittliche Leser(innen) in der L2 von monolingualen Gleichaltrigen unterscheiden. Dabei handelt es sich um eine *geringere Leseflüssigkeit*, die sich u. a. in einer niedrigeren Lesegeschwindigkeit

Energiespeicher – heute und in Zukunft

1 Pumpspeicherkraftwerk

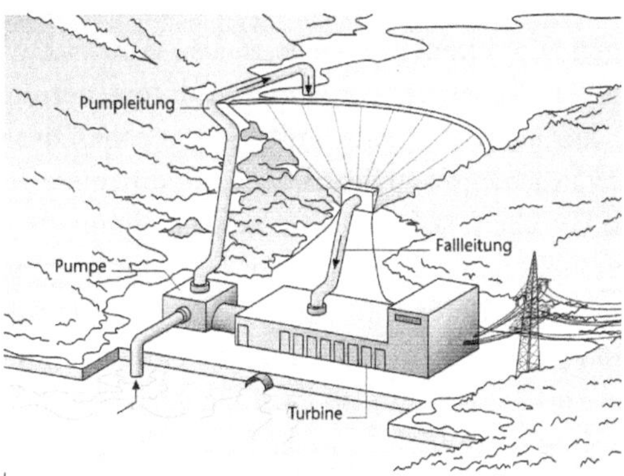

2 Prinzip eines Pumpspeicherkraftwerks

Energie bei Tag und Nacht
Kraftwerke liefern uns die elektrische Energie, die wir zum Betreiben elektrischer Geräte brauchen. In Wärmekraftwerken wird Kohle, Erdöl oder Erdgas verbrannt. Die in den Brennstoffen enthaltene Energie wird in elektrische Energie umgewandelt.

Der elektrische Energiebedarf der Haushalte und Fabriken schwankt im Laufe des Tages. Über die Mittagszeit ist er z. B. sehr groß und nachts eher gering. Es ist jedoch wirtschaftlicher die Wärmekraftwerke rund um die Uhr in Betrieb zu halten, als sie nachts abzuschalten. Was macht man also mit der elektrischen Energie, die nachts nicht gebraucht wird?

Das Pumpspeicherkraftwerk
Überschüssige Energie muss gespeichert werden. Elektrische Energiespeicher wie Batterien sind für so große Energiemengen nicht geeignet. Pumpspeicherkraftwerke sind eine Lösung (▷B 1).

Mit elektrischen Pumpen wird Wasser in ein höher gelegenes Speicherbecken gebracht. Wenn dann tagsüber der Strombedarf schnell ansteigt, stürzen die Wassermassen durch Fallröhren nach unten und treiben Turbinen an (▷B 2).

Regenerative Energiequellen
Kohle, Erdöl und Erdgas sind gute Energiespeicher für chemische Energie. Allerdings reichen diese fossilen Brennstoffe nur noch für einen begrenzten Zeitraum.

Aus diesem Grund nutzt man immer mehr alternative Energiequellen. Diese so genannten regenerativen (erneuerbaren) Energiequellen (Wasser, Wind und Sonne) werden von der Natur zum großen Teil aber nur sehr unregelmäßig angeboten. So ist die Sonneneinstrahlung durch den Tag-Nacht-Rhythmus und durch jahreszeitlichen Schwankungen geprägt.
Bei Solarzellen kann es innerhalb von 1 Minute zu einem Leistungsabfall von bis zu 50 % kommen. Windkraftanlagen geben bei Flaute keine elektrische Energie ab.

Es ist deshalb besonders wichtig, dass man die elektrische Energie, die durch erneuerbare Energiequellen gewonnen wurde, speichern kann. Eine Möglichkeit ist wieder das Pumpspeicherkraftwerk.

In Norddeutschlands größten Pumpspeicherkraftwerk Geesthacht werden die Pumpen von einer Solaranlage und einer Windkraftanlage unterstützt. Die aus Sonne und Wind gewonnene „regenerative Energie" wird nicht sofort ins öffentliche Stromnetz eingespeist, sondern zur Füllung des Speicherbeckens mit Wasser verwendet.

Zukünftige Energiespeicher
Als ideale Basis für den Energiespeicher der Zukunft könnte sich der Wasserstoff erweisen.
Da beim Verbrennen von Wasserstoff nur Wasser entsteht, wäre er ein guter Ersatz für fossile Brennstoffe, wie z. B. Benzin, die sehr viel Kohlendioxid beim Verbrennen freisetzen.

Abb. 8: Sachtext, aus: Prisma NWA/Physik 4/5 Baden-Württemberg (2005) (S. 88). Stuttgart: Klett

äußert (dies ist auch im Eingangsbeispiel, S. 53, zu beobachten). Ursachen dafür könnten in einem geringeren Sichtwortschatz, Schwierigkeiten beim Erkennen von Kohäsionsmitteln oder auch Problemen bei der Verarbeitung von nicht vertrauten syntaktischen Mustern liegen (Kalkavan 2012a: 20). Die geringere Lesegeschwindigkeit scheint zunächst kein dramatisches Problem zu sein, ist jedoch für Leseprozesse – gerade bei komplexeren Texten – fatal, weil sie das Verständnis massiv behindert:

> Unterschreitet die Lesegeschwindigkeit ein gewisses Maß, dann kann der Leser die gerade aufgenommenen Informationen, die zunächst im Arbeitsgedächtnis behalten werden, nicht an das Langzeitgedächtnis weiterleiten, wo sie mit vorhandenen Strukturen verknüpft werden. Die Folge ist, dass semantisches Material zerfällt, bevor es weiterverarbeitet und im Gedächtnis bewahrt werden kann. (Ehlers 2014: 219)

Daneben gelingt es mehrsprachigen SuS seltener, *Inferenzen*, also konstruktive eigene Beiträge zum Text, herzustellen. Neben der geringeren Automatisierung, die kognitive Ressourcen bindet, können dafür auch kulturspezifische Divergenzen verantwortlich sein (Kalkavan 2012a: 20). Die speziellen Bedürfnisse der Leser(innen) in der L2 liegen also vor allem auf der Prozessebene, dennoch ist selbstverständlich in vielen Fällen – ebenso wie bei SuS mit DaE mit ungünstigen Lernvoraussetzungen – auch eine Unterstützung auf der Subjekt- und der sozialen Ebene essentiell. Unter 3.1 wurde bereits auf die Wichtigkeit eines kompetenten Umgangs mit Sachtexten – nicht nur im Fach Deutsch – und die diesbezüglichen Ergebnisse von Kindern und Jugendlichen mit Migrationshintergrund (z. B. in der PISA-Studie) hingewiesen. Problematisch ist, dass die besonderen Schwierigkeiten, die viele dieser Sachtexte aufweisen, im Unterricht häufig ignoriert werden.[13] Kuchenreuther / Michalak (2008: 33 ff.) sprechen von „Verständnisbarrieren“ für SuS mit DaZ, die sie auf drei Ebenen lokalisieren und die wir anhand von Textstellen aus dem folgenden Beispieltext (Abb. 8) illustrieren:

Wortebene: Lexeme und Mehrworteinheiten, die der Bildungssprache angehören – teilweise auch alltagssprachliche Mittel, die nun aber fachspezifisch mit einer neuen Bedeutung verwendet werden (*Basis, gewonnen, in Betrieb hal-*

13 S. auch Stahns 2016 zur Operationalisierung der Analyse bildungsprachlicher Mittel sowie Bryant et al. (2017) zur linguistischen Komplexität von Schulbuchtexten im Fach Geographie.

ten), komplexe Wortbildungsprodukte wie Kompositionen und Derivationen (*Leistungsabfall, Schwankungen*).

Satzebene: Nominalisierungen (*jahreszeitliche Schwankungen, zur Füllung des Speicherbeckens*), alltagssprachlich seltene Strukturen wie Passivkonstruktionen *(... wird in elektrische Energie umgewandelt)*, Hypotaxen: Satzgefüge mit über- und untergeordneten Syntagmen *(Es ist deshalb besonders wichtig, dass man die elektrische Energie, die durch erneuerbare Energiequellen gewonnen wurde, speichern kann.)*

Textebene: Verknüpfungen zwischen Textteilen, die nur teilweise sprachlich markiert sind (*es ist jedoch wirtschaftlicher ..., allerdings ...*), Verknüpfungen zwischen sprachlichen und nichtsprachlichen Informationen (Abbildungen).

Nun soll daraus an dieser Stelle keineswegs ein Vorwurf an die Autoren von (Lehrbuch-)Sachtexten konstruiert werden: Die genannten Mittel sind zur Formulierung interessanter und informativer Texte unabdingbar – die vorsorgliche Vermeidung aller Schwierigkeiten im Sinne einer ‚leichten Sprache' ist unseres Erachtens kein gangbarer Weg. Jedoch ist es ebenso wenig vertretbar, diese Schwierigkeiten und ihre Konsequenzen zu ignorieren und darauf zu hoffen, dass allein eine möglichst häufige Begegnung mit Sachtexten schon irgendwie zur Entwicklung ausreichender Kompetenzen führen werde.

Während im angloamerikanischen Raum bereits eine breite Forschung zur Lesekompetenz von Zweitsprachenlernern im Erwachsenenalter sowie zu Kindern und Jugendlichen mit Englisch als L2 existiert (für einen Überblick s. z. B. August / Shanahan 2006), steht die Leseforschung mit Blick auf SuS mit DaZ im deutschsprachigen Raum noch am Anfang (jedoch Edele / Stanat 2016 zur Bedeutung des Hörverstehens in der L1 für das Leseverständnis in der L2; Duzy et al. 2013 für einen Vergleich der Prädiktoren auf die Lesekompetenz von SuS mit DaE und DaZ; Schwab et al. 2014 für eine Interventionsstudie). Inwieweit Ergebnisse aus Studien zum Englischen als L2 auf das Deutsche übertragen werden können, gilt es zu überprüfen. Zukünftige Studien sollten neben der Prozessebene weitere Ebenen des Lesens in den Blick nehmen und differenzierte Informationen zur Sprachbiographie der SuS mit DaZ erfassen.

3.3 Lesedidaktische Konzeptionen und Methoden für mehrsprachige Lerngruppen

Die Grundlage für einen kompetenten Umgang mit Sach- und literarischen Texten bilden, wie Ehlers (2014) betont, zunächst primärsprachliche Fähigkeiten wie ein angemessener Wortschatz und ausreichende grammatische Fähigkeiten (s. auch Kap. 6.3). Darüber hinaus lassen die erwähnten Forschungsergebnisse darauf schließen, dass für Lerner mit DaZ drei Aspekte der Leseförderung im engeren Sinne besonders bedeutsam sind:

Die *Automatisierung des Leseprozesses* muss unterstützt werden, um durch eine erhöhte Leseflüssigkeit bessere Verstehensleistungen zu erzielen. Das *Erzeugen von Inferenzen* muss gezielt trainiert werden, um eine bessere Verknüpfung von Textinhalten mit dem Vorwissen zu erreichen. Und drittens ist ein bewusstes *Einüben von Lesestrategien*, die von kompetenten Lesern intuitiv eingesetzt werden und die das Erschließen sprachlich und inhaltlich anspruchsvoller Texte erleichtern, notwendig.

Eine ausgewogene Leseförderung berücksichtigt alle im Mehrebenenmodell nach Rosebrock/Nix (2014) aufgeführten Ebenen: Hierarchiehöhere Fähigkeiten auf der Prozessebene werden beispielsweise durch die Vermittlung von *Lesestrategien* trainiert. Verbesserungen auf der Subjektebene lassen sich durch *Vielleseverfahren* erreichen, die das Lesepensum erhöhen und den SuS die Möglichkeit positiver Leseerfahrungen (auch in der L1) bieten. Auf der sozialen Ebene lassen sich Verbesserungen durch ein lesefreundliches Umfeld schaffen, in dem Lesen positiv konnotiert ist und Anschlusskommunikation stattfinden kann – die etablierten Verfahren der *Leseanimation* bieten hierfür vielfältige Möglichkeiten. Jedoch darf bei all diesen Aktivitäten die notwendige *Förderung hierarchieniedriger Prozesse*, die gerade für viele Kinder und Jugendliche mit DaZ ein Problem darstellen, nicht vernachlässigt werden (Rosebrock et al. 2016: 9 ff.). Wenn Leseflüssigkeit nicht in ausreichendem Maße vorhanden ist, dann laufen auch noch so motivierende Verfahren ins Leere und erzielen gerade bei SuS mit Förderbedarf keine Verbesserung.

Lautleseverfahren

Zur Förderung der Leseflüssigkeit bei SuS aus bildungs- und schriftfernen Elternhäusern sowie aus Migrantenfamilien eignen sich besonders Lautleseverfahren, die in deutschen Schulen wenig Tradition haben, inzwischen aber z. T. aus dem englischsprachigen Raum übernommen wurden. Dabei wurden in Evaluationsstudien insbesondere zwischen der 2. und 5. Klasse überzeugende Ergebnisse erzielt; schwache Leser(innen) können aber auch darüber hinaus noch von solchen Maßnahmen profitieren. Das immer noch weithin übliche ‚Reihumlesen' im Klassenverband erfüllt diesen Zweck nicht, wie Rosebrock / Nix (2014: 39) betonen: Aufgrund der geringen individuellen Lesezeit und der ausbleibenden Wiederholung ist der Übungseffekt äußerst gering.

Als sinnvolle Alternative bietet sich vor allem das begleitende Lautlesen (*paired reading*), in seiner deutschen Adaption als Lautlesetandem schon vielfach mit Erfolg eingesetzt, an (Rosebrock et al. 2016). Hier arbeiten jeweils zwei SuS, eingebettet in eine Rahmenhandlung (als ‚Sportler' und ‚Trainer'), zusammen und lesen einen kurzen Text wiederholt halblaut im Chor, wobei der / die schwächere Leser(in) vom Modell hinsichtlich Leserhythmus und Betonung profitieren kann. Dem Eingangsbeispiel (S. 53) lässt sich entnehmen, dass dabei explizit auch die Zusammenarbeit in der Kleingruppe und die Vorgehensweise bei Schwierigkeiten thematisiert werden muss. Gailberger (2013) zeigt, dass sich die Förderung von Leseflüssigkeit auch in der Arbeit mit Hörbüchern praktizieren lässt: Hier können SuS mit DaZ prosodische Merkmale des Deutschen durch die zunehmende Orientierung an kompetenten Lesevorbildern übernehmen. In Bezug auf Lesegeschwindigkeit, Lesefreude und Lesegenuss wurden dabei außerordentlich positive Ergebnisse erreicht.

Angloamerikanische Studien belegen außerdem einen hohen Stellenwert morphologischer Bewusstheit für Leseprozesse insbesondere in der L2 (u. a. Kraut 2015 für erwachsene L2-Lerner(innen); Kieffer / Lesaux 2012 für Sechstklässler(innen) mit verschiedenen Erstsprachen und Englisch als L2). Bangel et al. (2015a: 356 ff.) bestätigen dies auch für die L2 Deutsch, die wegen ihrer ausgeprägten morphologischen Transparenz (vgl. *run – running* vs. *rennen – du rennst*, s. auch 4.2) für das direkte Erfassen von Wortbausteinen besonders gut geeignet ist. In einer Interventionsstudie belegten sie Effekte einer strukturbezogenen Arbeit an komplexen Wörtern in der 5. Klasse; eine solche strukturbezogene Unterstützung kann z. B. die Unterlegung des Wortstamms sein.

Unterstützung beim Wortlesen (Bangel et al. 2015b: 17):

rufen: Du rufst die Ziegen,
er ruft die Möwen.
Ich rufe die Fliegen,
wir rufen die Löwen.

Lesestrategien

Lesestrategien sind Techniken, die von kompetenten Leserinnen und Lesern häufig intuitiv vor, während und nach der Lektüre von Texten eingesetzt werden. Insofern ist es sinnvoll, auch SuS mit Förderbedarf im Bereich der hierarchiehöheren Teilprozesse diese Techniken gezielt kennenlernen und einüben zu lassen, um so die mentale Zusammenführung des Gelesenen zu unterstützen (Rosebrock/Nix 2014: 62). Dies beinhaltet beispielsweise, vor der Lektüre Erwartungen aufzubauen und themenbezogenes Vorwissen zu aktivieren. Während oder nach der Lektüre können ordnende, elaborierende und wiederholende Vorgehensweisen eingesetzt werden. Die Vermittlung von Lesestrategien hat mittlerweile Eingang in viele Lehrwerke gefunden. Wichtig ist allerdings auch, darauf zu achten, dass diese Verfahren nicht nur auf Aufforderung hin von den SuS abgearbeitet werden, sondern dass sie langfristig als Strategien übernommen und selbständig eingesetzt werden.

Die notwendige Binnendifferenzierung wird, so schlägt Schmölzer-Eibinger (2007: 220) vor, insbesondere über den Schwierigkeitsgrad der zu bearbeitenden Texte geleistet. Hierfür sind in verschiedenen Niveaustufen vorliegende Sachtexte zu identischen Themen, die eine gemeinsame Besprechung in Plenumsphasen ermöglichen, eine große Hilfe.

Ordnende Lesestrategien: „Den Text strukturieren und auf seine wesentlichen Kernaussagen reduzieren." *Elaborierende Lesestrategien:* „Über die unmittelbare Textebene bewusst ‚hinausgehen' (elaborieren), um den Textinhalt gezielt mit Vorwissen, Gefühlen, Meinungen, inneren Bildern usw. der Leser(innen) in Beziehung zu setzen." *Wiederholende Lesestrategien:* „Eine erneute intensivierte Textauseinandersetzung einleiten, um die Verstehens- und Behaltensleistungen zu vertiefen." (Rosebrock/Nix 2014: 65 f.)

Ein Modell, in dem verschiedene textbezogene Aktivitäten (produktiv und rezeptiv) miteinander verbunden werden, um die Textkompetenz von L2-Lernerinnen und -lernern nachhaltig zu fördern, legt Schmölzer-Eibinger im Rahmen ihrer „Literalen Didaktik“ vor. Hierbei werden „authentische Sprachlernsituationen geschaffen, die vielfältige metasprachliche und metakognitive Aktivitäten in der Arbeit an Texten initiieren und intensive Prozesse des Lesens, Verstehens und Produzierens von Texten anregen“ (Schmölzer-Eibinger 2007: 218). Das Modell umfasst drei Phasen (ebd.: 218 ff.): die *Wissensaktivierung*

(Gedanken und Kenntnisse zu einem Thema werden aufgerufen und für die Unterrichtsarbeit verfügbar gemacht), die *Arbeit an Texten* (Wahrnehmung aus verschiedenen Perspektiven, Reflexion, Rekonstruktion oder Optimierung) und die *Texttransformation* (Umgestaltung).

Beispiele für Aufgaben im Rahmen des Drei-Phasen-Modells nach Schmölzer-Eibinger (2007: 218 ff. sowie 2012; 173 ff.):

Wissensaktivierung:

Einzelarbeit: Schreibe fünf Minuten lang – ohne abzusetzen – alles auf, was dir zum Thema einfällt. Lass den Schreibfluss dabei nicht abreißen und schreibe auch dann weiter, wenn dir gerade nichts einfällt (z. B. lllll …). Schreibe ganze Sätze.

Paararbeit: Lest einander die Texte vor, die ihr geschrieben habt. Verwendet eure Ideen und Gedanken zum Thema für einen gemeinsam verfassten Text.

Arbeit an Texten:

Paararbeit: Schreibt eine kurze Zusammenfassung des Textes.

Gruppenarbeit: Formuliert den inhaltlichen Kern eures Textes in einem Satz (schriftlich). Stellt diesen Satz im Plenum vor. Überarbeitet den Satz anhand der Rückmeldungen.

Paararbeit: Schreibt einen neuen Text zum Thema, ausgehend von diesem Satz. Baut eure eigenen Erfahrungen und Kenntnisse zum Thema ein.

Texttransformation:

Gruppenarbeit: Stellt die Aussagen des Textes für eine mündliche Zusammenfassung zusammen. Dabei sollt ihr eine bestimmte Rolle übernehmen. […] Achtet darauf, dass eure persönliche Einstellung klar erkennbar ist.

Positive Evaluationsergebnisse liegen für diverse vergleichbare Lesestrategieprogramme vor (z. B. Gold 2010, Hiller 2010). Eine ebenfalls ganzheitlich angelegte, in der Praxis bewährte Möglichkeit bietet das aus den USA stammende, von Palincsar und Brown entwickelte *Reciprocal Teaching* (z. B. Rösch 2011: 121). Hierbei werden in Kleingruppen Lesestrategien kennengelernt und eingesetzt, die für das Erschließen von Sach- und literarischen Texten notwendig sind. Die teilnehmenden SuS übernehmen im Wechsel nach dem Lesen von kurzen Textabschnitten verschiedene Aufgaben, die sie in Verantwortung für die gesamte Gruppe bearbeiten. Mit zunehmender Automatisierung der Strategien durch die Lerner(innen) soll die modellierende Unterstützung durch die Lehrkräfte reduziert werden (Pangh 2009: 15 ff.).

1. *Vorhersagen:* Nach dem Lesen eines Textabschnitts (oder auch der Überschrift) sollen auf der Basis von Textinhalten, Illustrationen oder Signalstrukturen Hypothesen zum Fortgang eines Textes gebildet und formuliert werden, die beim Weiterlesen dann überprüft werden können. Es handelt sich hier um eine Praxis, die kompetente Leser intuitiv einsetzen und die geeignet ist, die Verstehensprozesse im weiteren Textverlauf zu entlasten.
2. *Klären:* Verständnisschwierigkeiten, die auf unbekannten Lexemen oder unklaren Zusammenhängen beruhen, werden identifiziert und benannt. Anschließend werden Operationen eingesetzt, mittels derer die Schwierigkeiten aus dem Kontext heraus geklärt werden können.
3. *Fragen:* Die Leser(innen) stellen sich selbst und den Gruppenmitgliedern Fragen zum Text, die ein genaues Fokussieren einzelner Textstellen erfordern. Dabei kann sowohl mit Informationsfragen, die direkt aus dem Text beantwortet werden können, als auch mit Nachdenkfragen, die Inferenzen verlangen, gearbeitet werden.
4. *Zusammenfassen:* Schließlich wird versucht, die Informationen des Textes in verdichteter und reduzierter Form in eigenen Worten darzustellen.

Das *Reciprocal Teaching* wird häufig in der Arbeit mit Sachtexten eingesetzt, eignet sich aber durchaus auch für den Umgang mit literarischen Texten. Darauf weist auch Ehlers (2014: 221) hin, die vorschlägt, narrative Texte als ‚Brücke' zur Entwicklung von Texterschließungskompetenz einzusetzen, da sie zahlreiche Aktivitäten des Lesers (z. B. die Bildung von Inferenzen) fordern und somit literale Teilkompetenzen anregen. Dabei sind rückwärtsblickende Fragen, beispielsweise zur Handlungsmotivation oder zur Art und Weise (Warum? Wie?), besser geeignet als die häufig eingesetzten, auf Antizipation abzielenden vorausblickenden Fragen. Allerdings sei an dieser Stelle angemerkt, dass für die Anbahnung literarischen Lernens die genannten Techniken nicht ausreichen und weitere Impulse, z. B. durch die Lehrkraft, erforderlich sein werden. Auf die Gefahr einer ‚Instrumentalisierung' literarischer Texte weisen auch Rosebrock / Nix (2014: 72) hin: „Die Aufmerksamkeit auf die Methoden zu lenken darf also, lesedidaktisch gesehen, nicht dazu führen, dass der Textgegenstand zweitrangig wird."

Vielleseverfahren

Vielleseverfahren zielen insbesondere auf eine positive Beeinflussung des Selbstkonzepts als Leser(in) ab. Dabei wird den SuS entweder in der Schule freie Lesezeit zur Verfügung gestellt, oder sie arbeiten ein Pensum an Lesestoff in ihrer Freizeit ab (Hochstadt et al. 2015: 122f.). Diese Methoden sind leicht zu implementieren und können die durchschnittliche Lesemenge positiv beeinflussen, führen aber bei Kindern und Jugendlichen mit Förderbedarf nicht automatisch zu den erwarteten Kompetenzzuwächsen. Gerade für SuS mit DaZ und geringen sprachlichen Fähigkeiten (z.B. hinsichtlich des Wortschatzes) oder nicht ausreichender Leseflüssigkeit sind Vorgehensweisen, bei denen sie sich selbst überlassen bleiben, wenig hilfreich. So resümiert Rieckmann:

> Um Vielleseprogramme erfolgreich für die Leseförderung einzusetzen, muss demnach gewährleistet sein, dass das Anspruchsniveau der Texte und das Kompetenzniveau der Kinder übereinstimmen und gegebenenfalls Unterstützungsmaßnahmen angeboten werden. (Rieckmann 2010: 222)

Leseanimation

Leseanimierende Methoden zielen neben dem Selbstkonzept auch auf die Einbettung des Lesens in kommunikative Prozesse und damit auf die soziale Ebene ab. Es handelt sich dabei um Verfahren, die Kinder zum Lesen ‚verlocken' sollen – sei es im Deutschunterricht selbst (z.B. Buchpräsentationen, Lesenächte, Einrichtung einer Klassenbibliothek, auch mit Hörbüchern), in der Schulöffentlichkeit (z.B. Projekttage zum Lesen) oder außerschulisch (z.B. Besuch von Bibliotheken). Hier lässt sich auch die Ressource Mehrsprachigkeit einbringen, etwa durch Leseangebote in verschiedenen Sprachen oder durch Lesepaten, die in der L1 vorlesen (s.z.B. „Lesende Schule" in Brandt / Gogolin 2016). Diese Verfahren sind durchaus sinnvoll, spielt doch die Lesemotivation eine zentrale Rolle für die Entwicklung von Lesekompetenz. Auch Jungen, die bei der durchschnittlichen Lesemenge deutlich hinter gleichaltrigen Mädchen liegen, lassen sich über interessantes Lesematerial durchaus ansprechen (z.B. Richter / Plath 2007). Es bietet sich hier eine Kombination mit Fördermaßnahmen auf der Prozess- und der Subjektebene an. Am Beispiel einer Hamburger Schule zeigen Brandt und Gogolin (2016) eindrücklich, wie individuelle Leseförderung in der L2 und Leseanimation in der L1 und L2 durch selbst gewählte Lektüre und Vorleseangebote in einer schulübergreifenden Lesezeit gelingen kann, in der sich SuS sowie Lehrkräfte einen Leseort in der Schule wählen und gemeinsam oder alleine (abhängig von Kompetenzen und Interessen) lesen.

Andererseits muss vor allzu großen Erfolgserwartungen gerade bei SuS mit schwierigen Ausgangsbedingungen und geringen Fähigkeiten auf der Prozessebene gewarnt werden: Wenn der Bezug zur Lebenswelt der SuS fehlt und Leseflüssigkeit nicht in ausreichendem Maße vorhanden ist, laufen aufwändige Aktionen zur Leseanimation leicht ins Leere.

Literarisches Lesen fördern

Angesichts der Bedeutung von Textverstehenskompetenz für alle schulischen Lernbereiche sowie für die berufliche und persönliche Weiterentwicklung besteht kein Zweifel daran, dass eine systematische Leseförderung (nicht nur, aber in besonderem Maße) für SuS mit DaZ angezeigt ist. Dabei vertraut der Deutschunterricht nicht auf die beiläufige Lesepraxis, sondern leistet vor allem auf der Prozessebene gezielt Hilfestellung (Rieckmann 2010: 246). Dies ist keineswegs ausschließlich als DaZ-spezifische Besonderheit zu verstehen: Die Schule steht hier vor der Herausforderung eines kompensatorischen Einwirkens bei allen Kindern und Jugendlichen mit mangelnden Literalitätserfahrungen. Eine explizite Leseförderung muss also wesentlicher Bestandteil des Deutschunterrichts in der Grundschule und in der Sekundarstufe sein – wobei dies selbstverständlich andererseits nicht dazu führen darf, literarische Texte nur noch als ‚Steinbruch' für Textverstehensübungen zu ‚missbrauchen' oder sie gar ganz aus dem Unterricht zu verbannen. Das literarische Lernen (z. B. Spinner 2006) basiert zumindest teilweise auf der Lesekompetenz, ist aber selbstverständlich eine Größe mit Eigenwert, jedoch als Domäne der Literaturdidaktik nicht Gegenstand dieses Bandes.

Wir wollen zumindest exemplarisch auf die Möglichkeit verweisen, Mehrsprachigkeit als Ressource auch in den Literaturunterricht einzubeziehen: So kann beispielsweise in freien Lesezeiten oder zu Zwecken der Leseanimation den SuS die Möglichkeit gegeben werden, Literatur in ihrer L1 zu rezipieren. Einige mehrsprachige Kinderbücher stehen hierfür zur Verfügung (z. B. Zaghir / Ishak 2009: *Wer hat mein Eis gegessen? 19 zweisprachige Bücher und Hör-CD mit allen Sprachen*). Für einige Kinder- und Jugendbücher (s. hierzu auch Lütje-Klose / Dirim 2007) sowie Gedichte (z. B. *ARCHE-Kalender* der Internationalen Jugendbibliothek München) sind Übersetzungen in verschiedenen Sprachen erhältlich – die sich dadurch anbietenden sprachlichen und literarischen Lernmöglichkeiten sind auch für SuS mit DaE gewinnbringend. Stadtbibliotheken vielerorts verfügen bereits über ein umfangreiches Repertoire an Literatur in unterschiedlichen Sprachen und bieten auch Vorlesenachmittage in anderen Sprachen als dem Deutschen an. Das Vorlesen durch Eltern oder ältere SuS, die bereits in der L1 alphabetisiert sind, könnte ebenso wie die Anregung, nicht nur im Herkunftssprachenunterricht in der L1 zu lesen, eine Förderung auf Prozess- und Subjektebene (ggf. auch auf sozialer Ebene) darstellen. In sprachlich homogenen Kleingruppen kann auch die L1 als erstes Hilfsmittel zur Sicherung des Textverständnisses eingesetzt werden.

3.4 Diagnose: Lesekompetenz erheben und beurteilen

Lesefähigkeiten werden trotz der Neubewertung der Leseförderung in den letzten Jahren nach wie vor von vielen Lehrkräften intuitiv eingeschätzt. Diese Leistungsbeurteilungen sind selbstverständlich von höchst unterschiedlicher Genauigkeit: Karing (2009) konnte zeigen, dass Grundschullehrkräfte das Textverstehen präziser einschätzten als Gymnasiallehrkräfte und dass allgemein eine größere Leistungsheterogenität im Klassenverband sich auf diagnostische Kompetenzen positiv auswirkt. Gerade für die Gruppe der schwachen Leserinnen und Leser ist es jedoch dringend geboten, auf die zur Verfügung stehenden und bewährten Testverfahren zurückzugreifen, die zumindest Leistungen auf der Prozessebene objektiv und verlässlich feststellen lassen.

Eine leicht einsetzbare Möglichkeit für die Einschätzung von Leseflüssigkeit bietet die deutsche Adaption der Oral Reading Fluency Scale (Rosebrock / Nix 2014: 34), die bei Erprobungen auch im deutschsprachigen Raum eine hohe Rater-Übereinstimmung erreichte:

- *Level 1* (z. B.: Der Schüler liest die Geschichte hauptsächlich Wort für Wort. Die wenigen Wortgruppierungen sind unregelmäßig und unterstützen nicht die Syntax der Geschichte.)
- *Level 2* (z. B.: Der Schüler liest überwiegend in Zweier-Wortgruppen. Dreier- und Vierer-Wortgruppen treten gelegentlich auf. Die Wortgruppierungen erscheinen ungeschickt und stehen in keinem Zusammenhang zur Syntax der Geschichte.)
- *Level 3* (z. B.: Der Schüler liest überwiegend in Dreier- oder Vierer-Wortgruppen. Die Mehrheit der Wortgruppen ist angemessen und unterstützt die Syntax der Geschichte. Wenig oder keine expressive Intonation.)
- *Level 4* (z. B.: Der Schüler liest weitgehend in größeren, semantisch sinnvollen und syntaktisch angemessenen Worteinheiten. Ein Großteil der Geschichte wird expressiv interpretiert: verschiedene Lesegeschwindigkeiten, Lautstärken, Stimmlagen, emotionale Beteiligung etc.)

Eine weitere unkomplizierte und dennoch aussagekräftige Überprüfungsmethode schlagen Rosebrock et al. (2016) mit dem Zählen der *Wörter pro Minute* bei bestimmten, zuvor normierten Texten vor. Mittels dieser Methode werden bei Lautleseverfahren die Rollen von Trainern und Sportlern im Lautlese-Tandem festgelegt.

Bei dem von Junk-Deppenmeier und Jeuk (2015) vorgelegten Verfahren handelt es sich um ein etwas aufwändigeres, für die Sekundarstufe konzipiertes Werkzeug zur Diagnose des Textverstehens; es geht hier also um die hierarchiehöhere Prozessebene. Auf der Grundlage eines vorgegebenen Textes werden dabei vier Schritte durchgeführt (ebd.: 56 ff.):

- Klärung des für das Textverständnis relevanten Wortschatzes: Damit soll vermieden werden, dass die Beobachtung des Leseverstehens durch unzureichende Wortschatzkenntnisse verzerrt wird.
- Textbegegnung: Es handelt sich um einen Auszug aus dem Jugendroman *Winn-Dixie* (DiCamillo 2003), somit einen erzählenden Text mit einem verhältnismäßig abgeschlossenen narrativen Spannungsbogen, der durch einen kurzen Moderationstext eingeleitet wird.
- Multiple-Choice-Test: Die Aufgaben verlangen teils das Auffinden im Text enthaltener Informationen, teils auch textbezogenes Interpretieren oder die Verbindung mit dem Vorwissen. An einigen Stellen wird dabei auch textmusterspezifisches Wissen mit abgeprüft.
- Erstellung eines Steckbriefs: Im Sinne einer unterstützenden Visualisierung (z. B. Hiller 2010) werden abschließend ungeordnete Begriffe aus dem Text in eine vorgegebene Struktur eingeordnet.

Standardisierte Verfahren, von denen viele für den Schulalltag (zumindest bei auffälligen SuS) geeignet sind, wurden in den letzten Jahren ebenfalls entwickelt. Verwiesen sei hier exemplarisch auf die Verfahren ELFE („Ein Leseverständnistest für Erst- bis Sechstklässler“, Lenhard / Schneider 2006) und FLVT („Frankfurter Leseverständnistest für 5. und 6. Klassen“, Souvignier et al. 2008). Allerdings wird hier – ebenso wie bei anderen, vergleichbaren Testverfahren – der sprachliche Hintergrund der SuS nicht berücksichtigt; die aufwändig ermittelten und grundsätzlich äußerst hilfreichen Normtabellen sind nur für Leser(innen) mit DaE aussagekräftig. Die Frage, welchen Einfluss Variablen wie die Kontaktdauer zur L2, die Lesekompetenz in der L1 oder das Schriftsystem der L1 auf die Leseleistung von DaZ-SuS haben, ist also weiterhin der (hoffentlich kompetenten) Einschätzung der Lehrkraft überlassen. Umso wichtiger ist aus unserer Sicht ein profundes Wissen über die Erstsprachen der SuS sowie deren Sprachbiographien.

3.5 Aufgaben

1. Zeigen Sie am Beispiel des Nachrufs (Kap. 5.1) beispielhaft die fünf unter 3.1 genannten Typen von Inferenzen auf. Überlegen Sie, welche Inferenztypen für SuS der für Sie relevanten Schulstufe besonders relevant sind, und skizzieren Sie Möglichkeiten, deren Bildung im Unterricht gezielt anzubahnen.
2. Zeigen Sie am Beispiel des Sachtextes (Abb. 8) mögliche „Verständnisbarrieren" (Kuchenreuther / Michalak 2008) für SuS mit DaZ. Suchen Sie Einsatzmöglichkeiten für Lesestrategien, die in diesem Fall geeignet sein könnten, das Erschließen des Textes zu erleichtern.

3.6 Weiterführende Literaturhinweise

Eine fundierte Einführung in die Lesedidaktik (ohne Fokus auf DaZ) bieten Rosebrock / Nix 2014. Grundsätzliche Überlegungen zum literarischen Lernen bei mehrsprachigen SuS sowie konkrete Unterrichtsvorschläge hierzu bieten Gawlitzek / Kümmerling-Meibauer (Hrsg.) (2013), Rösch (2011) sowie (für die Grundschule) Lütje-Klose / Dirim (2007). Differenziert setzen sich Kutzelmann / Massler (2018) mit der mehrsprachigen Leseförderung, Kutzelmann et al. (2017) mit dem mehrsprachigen Lesetheater und Hilbe et al. (2017) mit dem mehrsprachigen Vorlesen auseinander.

4 Richtig schreiben

Zainal ist mit der L1 Arabisch aufgewachsen, lebt seit einem Jahr in Deutschland und besucht eine 4. Klasse. In der Hamburger Schreibprobe zeigt sie, dass sie erste Regularitäten und Strategien zur Wortschreibung erworben hat, ihr jedoch insbesondere die Graphem-Phonem-Korrespondenz noch Schwierigkeiten bereitet. So verschriftet sie beim Zielitem *Fahrradschloss* zwar die Beibehaltung der Langformschreibung bei der Auslautverhärtung, das Dehnungs-h und das verdoppelte Konsonantengraphem korrekt, den Vokal in <schloss> jedoch nicht zielsprachlich.

Das Eingangsbeispiel zeigt neben den bemerkenswerten Fähigkeiten, über die Zainal bereits verfügt, dass die deutsche Orthographie für Schreiber(innen) mit unterschiedlichen Erstsprachen ganz verschiedene Schwierigkeiten beinhaltet, die bei der Diagnose und individuellen Förderung berücksichtigt werden müssen. Problematisch ist in diesem Zusammenhang, dass in der rechtschreibdidaktischen Diskussion, die auf diversen Ebenen geführt wird (z. B. Laut- vs. Silbenorientierung, Lehrgangs- vs. Lernwegsorientierung), besondere Bedürfnisse von SuS mit DaZ nur selten eine Rolle spielen.

Im Folgenden wird zunächst die Systematik des Lerngegenstands in knapper Form dargestellt – für eine ausführlichere Diskussion verweisen wir auf Ramers / Steinig i. Vorb. Der Erwerb von Rechtschreibkompetenz wird unter Berücksichtigung unterschiedlicher sprachlicher Hintergründe beschrieben, bevor wir versuchen, Prinzipien eines für Zweitsprachlerner(innen) angemessenen Rechtschreibunterrichts zu formulieren und an Beispielen zu veranschaulichen.

4.1 Fachliche Grundlagen: Das System der deutschen Rechtschreibung

Basis eines sinnvollen Rechtschreibunterrichts ist zunächst, dass die Lehrkraft selbst das deutsche Schriftsystem als zwar anspruchsvoll, aber in seinen Grundzügen regelmäßig und nachvollziehbar versteht. So kann es auch von Kindern und Jugendlichen mit unterschiedlichen sprachlichen Hintergründen als leistbare Erwerbsaufgabe wahrgenommen werden. Bei der folgenden überblickshaften Darstellung dieses Systems gehen wir von vier grundlegenden Prinzipien aus, die teils zusammenwirkend, teils sich gegenseitig überlagernd, wortintern und wortübergreifend Schreibungen im Deutschen bestimmen. Für einen ausführlicheren Einblick empfehlen wir Eisenberg (2011), Günther / Gaebert (2011), Fuhrhop (2011) sowie Bredel (2011).

Das phonographische Prinzip

Dem *phonographischen Prinzip* zufolge ist jedem Phonem der deutschen Sprache regelhaft ein bestimmtes Graphem zugeordnet. Unregelmäßigkeiten sind dabei v. a. darauf zurückzuführen, dass das Phoneminventar der deutschen Sprache sich von demjenigen unterscheidet, für das das Grapheminventar des lateinischen Alphabets ursprünglich verwendet wurde.

Die phonographische Schreibweise wird häufig als ‚einfacher', intuitiv bewältigbarer Aspekt der deutschen Orthographie angesehen. Dass das nicht selbstverständlich ist, verdeutlicht der Vergleich des deutschen mit anderen Schriftsystemen, die ebenfalls phonographische Anteile beinhalten. So unterscheidet sich beispielsweise die Graphem-Phonem-Korrespondenz im Türkischen, das seit der Schriftreform zu Beginn des 20. Jahrhunderts ebenfalls mit dem lateinischen Alphabet verschriftet wird, in Details vom Deutschen (z. B. Jeuk 2012: 115 f.). Diese Unterschiede können einer strikten Übertragung phonographischer Schreibweisen im Wege stehen:

- Einige Grapheme repräsentieren andere Laute als im Deutschen: z. B. <z> für [z], <j> für [ʒ].
- Grapheme treten auf, die im Deutschen nicht vorkommen: z. B. <ğ>, <ç>.
- Andere Grapheme werden im Türkischen nicht benötigt: z. B. <w>, <ß>.
- Eine Unterscheidung gespannter und ungespannter Vokale ist aufgrund des phonologischen Systems im Türkischen nicht notwendig; deshalb liegt im Vokalbereich (im Gegensatz zum Deutschen) eine klare und völlig regelmäßige Graphem-Phonem-Korrespondenz vor.
- Konsonantenhäufungen (<*Strumpf*>) und Affrikaten (<*Pfeil*>) treten im Türkischen kaum auf (jedoch z. B. <ç> für [tʃ]), deshalb kommen auch die lautgetreu verschrifteten Konsonantengrapheme in anderen bzw. beschränkten Kombinationen vor.

Im Vergleich hierzu sind die Spezifika, die das arabische Schriftsystem vom deutschen unterscheiden, geradezu eklatant (z. B. Zeldes / Kanbar 2014). Nicht nur wird hier ein völlig anderes Grapheminventar mit umgekehrter Schreibrichtung und verbundenen Buchstaben, also weniger klarer Gliederung, verwendet: Auch das phonologische System unterscheidet sich in seinen Elementen und deren Verschriftung deutlich (s. auch Kap. 2.2).

- Im Standard-Arabischen kommen mit [a], [ɪ], [ʊ] sowie deren langen Vertretern [ɑː], [iː], [uː] nur sechs verschiedene Vokale vor, während das Deutsche (je nach Einordnung der Reduktionsvokale) bis zu 17 Selbstlaute zählt. Diverse Kontraste (z. B. zwischen [ʊ] und [ɔ]) sind somit im Arabischen nicht relevant.
- In der Regel werden nur die langen Vokale mit eigenen Schriftzeichen abgebildet. Steht ein kurzer Vokal nach einem Konsonanten, kann sein Vorhandensein durch ein kleines zusätzliches Element (z. B. einen nach links unten gerichteten Strich) am Konsonantenbuchstaben signalisiert werden. Ein Konsonant, auf den *kein* Vokal folgt, kann durch ein eigenes Element (einen kleinen Kreis) gekennzeichnet sein.
- Das Konsonanteninventar ist anders strukturiert: Während im Deutschen meist stimmhafte und stimmlose Laute parallel auftreten, fehlen im Arabischen beispielsweise das stimmlose [p] sowie das stimmhafte [v]. Auch hier sind demzufolge bestimmte Lautkontraste nicht distinktiv, die für die phonographische Schreibung im Deutschen wahrgenommen werden müssen. Andererseits fehlen im Deutschen die sogenannten emphatischen Konsonanten sowie bestimmte ‚Kehllaute'.

Das silbische Prinzip

Zu den wichtigsten Gründen für die Abweichung vom phonographischen Prinzip zählt die Berücksichtigung der Schreibsilbe: Grundsätzlich erleichtert es dies dem Leser, die geschriebene Silbe als solche schnell und zuverlässig zu erfassen, beispielsweise durch die Markierung des Silbenanfangs (silbeninitiales <h>) oder durch die Verdoppelung von Konsonantengraphemen, die für ein Silbengelenk stehen. Aus Sicht der Lehrkraft ist es wichtig, silbenbedingte Schreibungen für DaZ-Lerner(innen) nicht fälschlicherweise als Abbildung von lautlichen Strukturen zu erklären, die wahrnehmbar seien, wenn man sich nur ausreichend Mühe gebe („*Hör mal genau hin: <Tru-He>*", Jagemann 2016). Auch handelt es sich keineswegs um zufällige und unbegreifliche Markierungen, die eben abgespeichert werden müssen, sondern um systemtreue und (zumindest größtenteils) völlig regelmäßige Schreibungen, die lesenden Personen das schnelle Erfassen der geschriebenen Silbe erleichtern.

Das morphologische Prinzip

Neben Silben als phonetisch-artikulatorischen Größen spielen für die Wortschreibung im Deutschen auch bedeutungstragende Einheiten, also Morpheme, eine Rolle: „Die geschriebene Form der Morpheme wird weitgehend konstant gehalten unabhängig davon, in welcher Weise und in welchem Umfang ihre Lautform variiert." (Eisenberg 2011: 92) Vergleichbares finden wir interessanterweise im Arabischen wieder (Zeldes / Kanbar 2014: 146 f.): Hier sind grundsätzlich die (verschrifteten) Konsonanten Träger der Wortbedeutungen, weshalb zur selben Wortfamilie gehörende Vertreter (auch bei abweichender Vokalisierung) schnell identifiziert werden können. Hingegen findet sich im Türkischen, das bis ins 20. Jahrhundert mit der arabischen Schrift geschrieben wurde, seit der Schriftreform kein morphologisches Prinzip mehr. Wortstämme verändern sich bei abweichender Lautung somit auch in der geschriebenen Form. Ein solches rein phonographisches System ist grundsätzlich schreiberfreundlicher als das deutsche, allerdings bietet es lesenden Personen nicht die Möglichkeit, konstante Schemata schnell und sicher wiederzuerkennen.

Das syntaktische Prinzip

Die deutsche Rechtschreibung ist nicht nur hinsichtlich der Schreibung einzelner Wörter geregelt. Auch die Relationen zwischen verschiedenen Wörtern werden auf unterschiedliche Weise markiert; besonders deutlich wird dies am Beispiel von Getrennt- und Zusammenschreibung, Groß- und Kleinschreibung sowie Interpunktion.

Der Vergleich mit anderen Schriftsystemen offenbart auch in diesen Bereichen gravierende Besonderheiten der deutschen Orthographie, die erneut ihren leserorientierten Charakter belegen. Dies gilt beispielsweise für die Regelungen zur Kommasetzung, die für viele – auch kompetente – Schreiber(innen) eine Herausforderung darstellen. Im Türkischen ist dieses Satzzeichen ebenfalls verbreitet und erfüllt ähnliche Funktionen (z. B. bei der Gliederung von Aufzählungen). Passend zum Satzbau des Türkischen steht es als Subordinationsblockade jedoch in anderen syntaktischen Kontexten; so wird beispielsweise in Subjekt-Objekt-Verb-Strukturen häufig das Subjekt von den folgenden

Satzgliedern durch ein Komma getrennt. Im Arabischen wiederum wird das Komma ebenso wie Fragezeichen, Ausrufezeichen und Punkt auch verwendet, allerdings (aufgrund der umgekehrten Schreibrichtung) mit leicht veränderter Schreibweise. Es wird häufig eingesetzt, um Texte leichter lesbar zu gestalten – obligatorisch ist es im Gegensatz zum Deutschen jedoch nicht.

Bei der satzinternen Großschreibung handelt es sich dagegen um ein Alleinstellungsmerkmal der deutschen Sprache. Diese Besonderheit ist – ebenso wie die Interpunktion – für frühe L2-Lerner zunächst ebenso eine Hürde wie für einsprachige Kinder. Einen besonderen Stellenwert haben solche Phänomene dagegen für Seiteneinsteiger wie KARIM, die in ihrer L1 bereits alphabetisiert wurden, dort aber völlig andere Mittel zur Signalisierung wortübergreifender Relationen kennengelernt haben.

Immer wieder haben die bisherigen Ausführungen deutlich gemacht, wie diverse Eigenschaften des deutschen Schriftsystems dessen Gebrauch zwar für Schreiber(innen) kompliziert gestalten, gleichzeitig aber der lesenden Person ein schnelles und zuverlässiges Erfassen des Geschriebenen ermöglichen. Dies gilt beispielsweise für die Markierung des Silbenanfangs ebenso wie für die Schemakonstanz, die Hervorhebung bestimmter Wörter durch die satzinterne Großschreibung oder die Unterstützung des Parsings (Aufbau von Strukturen, wobei kleinere zu größeren Einheiten verrechnet werden; Bredel 2011) durch Interpunktionszeichen. Dieser im Vergleich zu anderen Systemen sehr leserfreundliche Charakter der deutschen Orthographie sollte im Unterricht herausgestellt und gerade für ältere L2-Lerner(innen) plausibel gemacht werden.

4.2 Lernausgangslage: Rechtschreibkompetenz

Der Schrifterwerb in der L2 ist insgesamt noch wenig erforscht, da die Zweitspracherwerbsforschung sich lange Zeit auf die gesprochene Sprache konzentriert hat (Noack / Weth 2012: 16). Die sehr unterschiedlichen Ausgangslagen (besonders hinsichtlich der Schriftverwendung in der L1), die durch unsere eingangs eingeführten Beispiele EBRU, CLAUDIU und KARIM illustriert werden, bilden für die Erwerbsforschung eine zusätzliche Schwierigkeit. Es ist deshalb auch heute noch kaum möglich, präzise Erwerbsverläufe vorherzusagen und klare Handlungsanweisungen für exakt definierte (Schüler-)Gruppen zu formulieren. Der Vergleich verschiedener inzwischen vorliegender Studien aus dem Primar- und Sekundarstufenbereich zeigt zunächst, dass sich ein- und mehrsprachige SuS hinsichtlich ihrer Fehlerprofile nicht wesentlich unterscheiden:

> Orthographische Probleme mehrsprachiger Kinder betreffen grundsätzlich dieselben Fehlerkategorien, die auch für einsprachige Kinder eine Herausforderung darstellen, d. h. es werden strukturell dieselben Fehler gemacht. (Betzel / Steinig 2013: 188)

Die Bereiche, in denen Schriftverwender(innen) mit DaE Probleme haben und die auf den anspruchsvollen Charakter des deutschen Schriftsystems (vgl. Kap. 4.1) zurückzuführen sind, bereiten SuS mit DaZ größtenteils ebenso Schwierigkeiten. Becker (2013) konnte allerdings zeigen, dass Kinder mit DaZ mit auf dem morphologischen Prinzip beruhenden Schreibungen größere Probleme als einsprachige Kinder haben, was auf eine mangelnde Rekonstruktion semantischer und morphologischer Zusammenhänge hindeuten könnte. Geringfügig höhere Fehlerwerte der mehrsprachigen SuS traten bei Betzel / Steinig (2013: 186 ff.) insbesondere in den Kategorien ‚Vokalquantität' (Markierung von gespannten und ungespannten Vokalen) und ‚Syntax' (v. a. Groß- und Kleinschreibung) auf, wobei sich diese Unterschiede möglicherweise auch im Laufe der Sekundarstufe nivellieren.

Hier ist zu beachten, dass in den zitierten Studien Grundschulkinder und damit überwiegend frühe L2-Lernerinnen und -lerner Berücksichtigung fanden. Für den späteren Zweitspracherwerb (und damit insbesondere für Seiteneinsteiger(innen) wie Karim, die den Erstschrifterwerb in der L1 vollzogen haben) fehlen bislang verlässliche Untersuchungen; Einzelbeobachtungen stützen aber die plausible Annahme, dass in diesen Fällen deutlichere Auswirkungen der Unterschiede zwischen den Schriftsystemen auftreten. Die Lernerinnen und Lerner müssen sich auf das phonologische und graphematische System des Deutschen umstellen, beispielsweise distinktive Lautunterschiede (zwischen gespannten und ungespannten Vokalen oder stimmhaften bzw. stimmlosen Konsonanten) als solche wahrnehmen. Besondere Fehlertypen, auf die sich die Diagnostik und Didaktik gezielt einstellen müssen, sind damit erwartbar – wir wollen dies am Beispiel des Arabischen, das bereits unter 4.1 kontrastiv behandelt wurde, zumindest andeuten.

- Ein Problem kann möglicherweise die Schreibrichtung darstellen. So konnten wir in einer Vorbereitungsklasse beobachten, dass L2-Lerner(innen) (von der Lehrkraft zunächst unbemerkt) abzuschreibende Wörter konsequent von rechts nach links verschrifteten, was den Produkten später nicht anzusehen war. Sie produzierten also orthographisch korrekte Einheiten – ein Musteraufbau oder ein Verständnis für graphematische

Strukturen lässt sich so, ebenso wie ein Verständnis der Wortbedeutung, aber sicherlich nicht erreichen.

- Dass die satzinterne Großschreibung für Seiteneinsteiger(innen) wie KARIM völlig unbekannt ist, bewirkt Schwierigkeiten, die noch über die anderer SuS hinausgehen, bei denen die Groß- und Kleinschreibung ohnehin schon einen Fehlerschwerpunkt bildet. Hier ist eine grundlegende Einarbeitung erforderlich, die nicht nur Problemfälle wie Abstrakta und Nominalisierungen, sondern bewusst auch den Kernbereich der Nomen (die häufig als ‚prototypisch' verstandenen Konkreta, also Bezeichnungen für Menschen, Tiere, Pflanzen und Gegenstände) fokussiert.
- Konsonantenhäufungen, die im Deutschen sehr häufig auftreten (z. B. *Strumpf*), werden im Arabischen nach Möglichkeit vermieden (s. auch 6.1). Dies kann dazu führen, dass auch im Deutschen fälschlicherweise ‚Sprossvokale' zwischen direkt aufeinander folgenden Konsonanten eingefügt werden (z. B. in *Bulume*)[14].
- Schwierigkeiten kann auch die Graphem-Phonem-Korrespondenz bereiten, insbesondere bei Vokalen. So verschriftet Zainal fälschlicherweise *<Fahrradschluss> (s. Eingangsbeispiel, S. 76) und *<Ruleschuhe> (Rollschuhe), wobei letztere Schreibung möglicherweise zusätzlich die Variante eines Sprossvokals (s. o.) enthält (s. hierzu auch Geist / Hesselbarth 2017).

Auch Bredel et al. (2011: 195) weisen darauf hin, dass Übertragungen aus der L1 in die L2 zu Problemen führen können, beispielsweise mit Bezug auf die phonologische Differenzierung von Lauten oder auf orthographische Gesetzmäßigkeiten. Das Bild ist hier allerdings nicht einheitlich: Vor allem bei Kindern wie EBRU oder CLAUDIU, für die die L2 das dominante Schriftsystem darstellt, werden die Einflüsse der L1 auf den Rechtschreiberwerb vielfach als eher gering eingeschätzt (z. B. Jeuk 2013: 135). Sprachübergreifende Transfers gelten dann eher als Ausweichstrategie: Wenn beim Schreiben beispielsweise ein bestimmtes Mittel nicht zur Verfügung steht, wird auf ein Graphem aus der L1 zurückgegriffen. Schreibungen wie *<*Şule*> statt <*Schule*>, in denen anstelle des deutschen Graphems <sch> das türkische <ş> verwendet wird, sind demnach abhängig von den Erfahrungen mit Schrift in der L1 denkbar und werden durch die Schwierigkeit der Verschriftung von [ʃ] im Deutschen (auch <*Schwung*>, aber <*Stadt*>, <*Sport*>) unterstützt.

14 Ähnliches gilt für die türkische Sprache, weshalb der ‚Sprossvokal' als typischer Interferenzfehler in der Deutschdidaktik bereits eine gewisse Tradition hat (z. B. Risel 2011).

Insgesamt liegen noch zu wenige Studien zum orthographischen Transfer im Zweitschrifterwerb vor; viele der aktuell diskutierten sind zudem in anderen Ländern unter völlig anderen Bedingungen (z. B. an bilingualen Schulen) als den in Deutschland vorherrschenden entstanden (für einen Überblick Noack / Weth 2012: 21). Wir müssen davon ausgehen, dass der Grad an Übertragungen von vielen Faktoren abhängig ist und sich zumindest bisher nicht präzise vorhersagen lässt. Gerade bei SuS mit Migrationshintergrund läuft offenbar ein Transfer häufig auch in die andere Richtung, also von der Mehrheitssprache zur L1, die oft autodidaktisch oder unter nicht optimalen Bedingungen erworben wird (z. B. Kalkavan 2012b).

Bei der quantitativen Betrachtung der Rechtschreibleistungen fällt in einer Zusammenschau verschiedener Studien auf, dass die Rechtschreibleistung bei SuS mit DaZ erkennbar schlechter als die von Gleichaltrigen mit DaE ausfällt. Allerdings wird bei der Mehrzahl der vorliegenden Untersuchungen der sozioökonomische Hintergrund nicht berücksichtigt, was Zweifel daran zulässt, ob die Mehrsprachigkeit hinsichtlich des erfolgreichen Rechtschreiberwerbs wirklich der ausschlaggebende Faktor ist. So zeigte sich in der Vergleichsstudie von Betzel / Steinig, dass am Ende der Grundschulzeit innerhalb der gegebenen sozialen Schichten kein signifikanter Unterschied zwischen den Rechtschreibleistungen ein- und mehrsprachiger Kinder festgestellt werden konnte:

> Bezogen auf die Rechtschreibung besteht aus unserer Sicht kein Bedarf an einer speziellen Förderung mehrsprachiger Kinder, sondern vielmehr ein Bedarf an einer umfassenden Förderung von Kindern aus schrift- und bildungsfernen Milieus – unabhängig davon, ob sie einsprachig-deutsch oder mehrsprachig aufwachsen. (Betzel / Steinig 2013: 189)

Wichtig ist an dieser Stelle der Hinweis, dass Mehrsprachigkeit auch im Bereich der Rechtschreibung grundsätzlich als Ressource und nicht als Defizit wahrgenommen werden sollte. Es hat sich gezeigt, dass generelle Prinzipien und Praktiken der Schriftlichkeit (*literacy*) von einer auf andere Sprachen übertragen werden können und dass Mehrsprachigkeit auch die Entwicklung von Sprachbewusstheit fördern kann, die dann beim Rechtschreiblernen genutzt werden kann (Noack / Weth 2012: 17 ff.; s. auch Kap. 6.3).

4.3 Rechtschreibdidaktische Konzeptionen und Methoden für mehrsprachige Lerngruppen

Zur Rechtschreibkompetenz gehören Teilkompetenzen auf ganz unterschiedlichen Ebenen (Hochstadt et al. 2015: 46 f., Müller 2014: 7 ff.): Kompetente Schreiber(innen) verfügen über ein umfangreiches Repertoire an Wörtern, die automatisiert richtig geschrieben werden können. Gleichzeitig sind sie fähig, die Schreibung unbekannter Wörter auf der Basis von Gesetzmäßigkeiten zu erschließen und bei Bedarf Hilfsmittel wie Wörterbücher, Online-Tools oder Rechtschreibsoftware einzusetzen. Sie verfügen letztens über ein gewisses Maß an Sprachbewusstsein und Fehlersensibilität, was sie befähigt, die erwähnten Regeln, Strategien und Hilfsmittel gezielt und zum richtigen Zeitpunkt einzusetzen. Ein ausgewogener Rechtschreibunterricht ermöglicht es SuS mit DaE und DaZ, auf all diesen Ebenen ihre Fähigkeiten weiterzuentwickeln. Die aktuelle rechtschreibdidaktische Diskussion (für einen Überblick über die gängigen Konzeptionen: Hochstadt et al. 2015: 52 ff.), die teilweise geradezu leidenschaftlich und längst nicht nur innerhalb der Deutschdidaktik geführt wird (z. B. der Spiegel-Titel 25 / 2013: *Die Recht Schreib-Katerstrofe*), beginnt leider erst damit, die in 4.2 skizzierten besonderen Lernvoraussetzungen von SuS mit DaZ zu berücksichtigen.

Lehrgangsorientierung vs. Lernwegsorientierung

Der *Spracherfahrungsansatz* als Konzeption für den Schriftspracherwerb basiert zunächst auf der konstruktivistischen Auffassung, dass sich Wissen – auch solches über das Schriftsystem – nicht einfach vermitteln lässt, sondern dass es sich Lernende aktiv aneignen müssen. Hieraus folgt die Idee, auch im Schriftspracherwerb – ähnlich wie im mündlichen Spracherwerb – Kindern eine reichhaltige Lernumgebung mit qualitativ hochwertigem Input und zahlreichen Anregungen zum Sprachgebrauch zur Verfügung zu stellen, sie ansonsten aber nicht zu steuern und ihnen vor allem keinen kleinschrittigen Lehrgang ‚aufzuzwingen'. In der Praxis (z. B. Brügelmann / Brinkmann 1998) wird die Lernwegsorientierung – bezogen auf den Rechtschreibunterricht – häufig einerseits mit einer ausgeprägten Grundwortschatzorientierung verbunden. Andererseits werden als Beitrag zu einer anregungsreichen Sprachumgebung (sowie als Werkzeug zum Verschriften) vielfach Anlauttabellen verwendet, die eine starke Lautorientierung nahelegen und im deutschsprachigen Raum insbesondere mit der Konzeption *Lesen durch Schreiben* (z. B. Reichen 2001) verbunden sind. Diese ermöglichen selbstgesteuertes und individuelles Lernen, indem sie den Kindern die Möglichkeit bieten, jedes beliebige Wort in seine Einzellaute zu zerlegen und lautgetreu zu verschriften.

Der selbstgesteuerte Schriftspracherwerb unter Verwendung der Anlauttabelle ist in den letzten Jahrzehnten Gegenstand zahlloser Diskussionen und Studien in der Deutschdidaktik gewesen, die immer noch nicht zu einem abschließenden Ergebnis geführt haben (z. B. Weinhold 2010, Funke 2014). Mit Blick auf mehrsprachige Kinder ist die Eignung didaktischer Ansätze, die viel Freiheit und wenig Strukturierungshilfe anbieten, besonders kritisch zu hinterfragen, da diese immer in der Gefahr stehen, ungleiche Eingangsvoraussetzungen, z. B. hinsichtlich Erfahrungen mit der Schriftkultur, zu verlängern (Risel 2011: 143 f.). Hinzu kommen praktische Probleme bei der Arbeit mit der Anlauttabelle, die den Kindern neben ausgeprägter Geduld und Konzentrationsfähigkeit eine weit entwickelte phonologische Bewusstheit abverlangt. Die notwendige Bildung einer überdeutlich artikulierten, verschriftungsrelevanten Wortform (Pilotsprache) fällt vielen Kindern mit DaZ besonders schwer:

> So kommt es, dass die unter großen Mühen geleistete Verschriftung […] nicht zu einem lesbaren, sich der Standardschreibung wenigstens annähernden Wort führt. Dadurch könnte die anfangs noch hohe Motivation für diese Art des Schreibens mittelfristig untergraben werden, sobald die Schüler entdecken, wie wenig ihre Schreibungen mit der Orthographie übereinstimmen. (Lingnau / Mehlem 2012: 162)

Auch die Auswahl der abgebildeten Wörter ist häufig kritikwürdig, da manche Beispiele schriftlinguistisch problematisch sind (z. B. <Igel> für [i:], wo <ie> das korrespondierende Graphem wäre) und andere kultur- oder milieuspezifisches Vorwissen voraussetzen (z. B. <Osterhase>, <Geige>). Zuletzt kann der Wortabruf der Ankerwörter in der Erstsprache bei Schülern mit DaZ zu Schwierigkeiten in der Anwendung einer Lauttabelle führen. Hier eignet sich in jedem Fall die Erweiterung von Hüttis-Graff / Schüler (2016), die das vollständige Ankerwort direkt am Bild verschriftet. Zudem empfiehlt sich eine Anpassung der Anlauttabelle an prosodische Muster der deutschen Sprache, wie es die Version von Riegler (2012, 2016) ermöglicht. Dabei orientiert sich die Anordnung der Grapheme am Auftreten der dazugehörigen Phoneme in der Silbe, was eine Kombination silbenorientierter Ansätze (s. u.) mit dem freien Schreiben (gestützt durch die Anlauttabelle) ermöglicht.

Ungeachtet dieser Verbesserungsvorschläge sehen wir einen allzu offenen, am individuellen Lernweg orientierten Rechtschreibunterricht mit Blick auf SuS mit DaZ kritisch. Aktuelle Untersuchungen zur Rechtschreibleistung zeigen bei allen Deutungsschwierigkeiten, dass Kinder aus schriftfernen Lebenswelten, denen Schriftbewusstsein und ein geschärfter Blick auf Schriftstrukturen fehlen, derzeit schlechtere Bedingungen haben (Müller 2014: 5).

> Die didaktische ‚Appeasement-Strategie', den Anspruch an ein hohes Rechtschreibniveau für alle Kinder, besonders aber für Kinder aus bildungsfernen Milieus weniger konsequent zu verfolgen, hat das Leistungsgefälle zwischen Kindern aus der oberen Mittelschicht und der Unterschicht verschärft und die Rechtschreibung – ungewollt und unreflektiert – zu einem noch schärferen Instrument schulischer Selektion werden lassen. (Steinig et al. 2009: 383)

Hier ist der Rechtschreibunterricht in stärkerem Maße als früher gefordert; vor diesem Hintergrund empfehlen wir gerade für SuS mit ungünstigen sozioökonomischen und familiären Lernvoraussetzungen einen systematischen und an der Struktur der Schriftsprache orientierten Unterricht. Dies bedeutet, dass orthographische Muster nicht nur en passant (situativ oder in Form eines Grundwortschatzes) mit der Hoffnung auf beiläufiges Lernen präsentiert, sondern bewusst gemacht und als Grundlage des Rechtschreiblernens genutzt werden (Noack / Weth 2012: 25).

Lautorientierung vs. Silbenorientierung

Von zentraler Bedeutung ist es daher, Schriftlichkeit im Unterricht einen hohen Stellenwert einzuräumen. Auf diesem Wege kann den Kindern eine systemorientierte Erschließung der Orthographie ermöglicht werden, die sich an prosodischen Grundmustern der Sprache orientiert und damit eine Hilfe gerade für die Kinder mit anderen Erstsprachen bietet. Bredel (2012: 134 ff.) zeigt, dass Kinder mit DaE sich schon früh auf typische Betonungsmuster einstellen (insbesondere den Trochäus, der im typischen Silbenplappern bereits im ersten Lebensjahr erkennbar ist). Kindern, deren Erstsprachen andere Laut- und Betonungsmuster präferieren, fehlt dagegen häufig der sichere Zugriff auf diese Strukturen, der erforderlich ist, um darauf basierende Schriftmuster zu entdecken. Mit Bezug auf die silbenanalytische Methode nach Röber (2011) schlägt sie die Arbeit mit dem Häusermodell vor (Bredel et al. 2011), das die trochäische Grundform deutscher Wörter in Form von Haus (betonte Vollsilbe) und Garage (unbetonte Reduktionssilbe) darstellt.

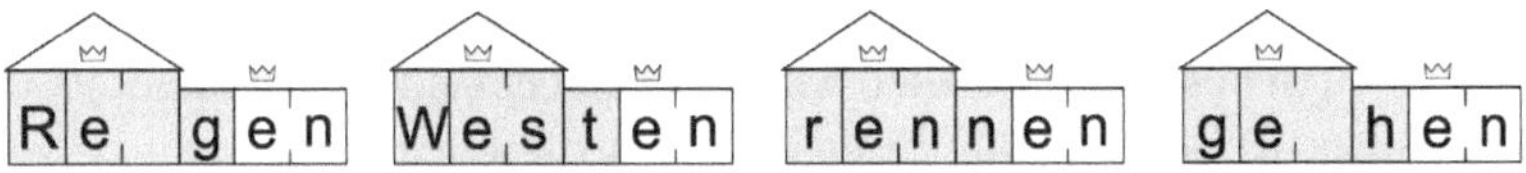

Abb. 9: Häusermodell nach Bredel et al. (2011), ergänzt durch eine Markierung der Vokale (Krone)[15]

Auf dieser Basis bietet sich die Arbeit mit vier Wortformen an, die sukzessiv eingeführt werden: Wörter mit offener Vollsilbe und einem Konsonanten zwischen den beiden Silben (*Regen*); Wörter mit geschlossener Vollsilbe und (mindestens) einem Konsonanten am Ende der Vollsilbe (*Westen*); Wörter mit geschlossener Vollsilbe und einem Konsonanten an der Silbengrenze, der als Silbengelenk fungiert und deshalb zweimal verschriftet wird (*rennen*); Wörter mit offener Vollsilbe ohne einen folgenden Konsonanten, die in der geschriebenen Form ein silbeninitiales <h> enthalten (*gehen*).

Bredel berücksichtigt daneben als fünfte Wortform Wörter mit offener Vollsilbe und einem Sonoranten (l, m, n, r) zwischen den beiden Silben, die häufig (aber nicht immer) ein Dehnungs-h enthalten (*Lehrer*). Da diese orthographische Markierung aber nicht konsequent gesetzt wird und ihr somit ein anderer Stellenwert als den oben genannten zukommt, empfehlen wir, diesen Häusertyp in der Arbeit mit DaZ-SuS nicht als eine der grundlegenden Wortformen einzuführen. Ungeachtet dessen erlaubt die Arbeit mit diesen Wortformen bestimmte orthographische Generalisierungen, die grundsätzlich einen Einblick in das System der deutschen Rechtschreibung erlauben, die aber in mehrsprachigen Lerngruppen auch sprachkontrastiv bearbeitet werden können (Bredel 2012: 134 ff.):

- Der Anfangsrand der Vollsilbe kann frei bleiben (*Ofen*), hier sind jedoch im Gegensatz zu vielen anderen Sprachen auch mehrere Konsonantengrapheme möglich (*fliegen*, *Straße*). So kann einer fälschlichen Einfügung von Sprossvokalen vorgebeugt werden.
- Gespannte und ungespannte Vokale, die in vielen Erstsprachen nicht bedeutungsunterscheidend wirken, werden systematisch durch die Be-

15 Ein ähnliches Modell, das sich durch die Verwendung verschiedener Häusertypen auszeichnet, stammt von Röber (2011). Diverse Variationen des Häusermodells sind inzwischen auch in Lehrwerken (z. B.: ABC der Tiere, Handt et al. 2015) verarbeitet und eignen sich ebenfalls für die Arbeit mit DaZ-SuS (auch mit geringen Sprachkenntnissen).

setzung des dritten Zimmers unterschieden. Beim gespannten Vokal ist dieses frei, in besonderen Fällen wird es durch ein silbenschließendes <h> (Dehnungs-h) gefüllt. Allerdings lässt sich diese Strategie nicht beliebig einsetzen; häufig ist die Rückführung eines zu untersuchenden Wortes auf den ursprünglichen Trochäus notwendig (z.B. *holten* > *holen*).

- Die Reduktionssilbe des Standard-Trochäus enthält in nativ deutschen Wörtern im Mittelzimmer immer ein <e>[16], unabhängig von der (oft umgangssprachlich variierten) Lautung. Mit dieser Einsicht lässt sich schon früh ein normgerechtes Verschriften und Erlesen dieser Strukturen, die vielen lautorientiert vorgehenden Kindern Probleme bereiten, erreichen.
- Die Stammform bleibt – entsprechend dem morphologischen Prinzip – im Deutschen weitgehend konstant. Der farbig abgesetzte Teil der Wörter lässt sich damit auf viele weitere Wortformen übertragen (*gehen* > *gehst*, *rennen* > *rennt*, *Bilder* > *bildlich*).
- Die Gliederung der Silbe ermöglicht eine besondere Markierung des im Deutschen so wichtigen Silbenkerns (z.B. durch eine Krone), was besonders für SuS mit Erstsprachen, die Vokale nicht oder abweichend verschriften, hilfreich sein kann.

Bisherige Evaluationen zeigen, dass die Leistungen starker SuS nicht von der eingesetzten Konzeption abhängig sind, schwache SuS (und dazu zählen auch viele SuS mit DaZ) dagegen von einem strukturorientierten Rechtschreibunterricht profitieren (Funke 2014: 36). Deshalb ist unseres Erachtens das Häusermodell (und damit verbunden ein strukturorientierter Rechtschreibunterricht), das ausdrücklich nicht nur für den Schriftspracherwerb / Anfangsunterricht konzipiert ist, sondern im Rechtschreibunterricht bis in die Sekundarstufe hinein Verwendung finden kann und eine durch die Lehrkraft moderierte Visualisierung darstellt, für mehrsprachige Lerngruppen besonders geeignet.

> [...] [Es] reagiert nicht nur auf die Erfordernisse unterschiedlicher Sprachausgangslagen, indem es die Schrift zum Ausgangspunkt ihres Erwerbs macht (und nicht umgekehrt die Lautsprache zum Ausgangspunkt nimmt), sondern es ist zugleich konstitutiv an denjenigen Strukturen orientiert, die es zu entdecken gilt. (Bredel 2012: 136)

16 In nicht prototypischen deutschen Wörtern (die jedoch auch zum Wortschatz von Grundschulkindern zählen) können auch andere Vokale in der unbetonten Silbe stehen, wie das <a> in *Papa*, *Mama*, *Oma*, *Opa*, *Sofa*, *Mofa*, *Cola*. Dies stellt nur selten ein Lernproblem dar, kann aber ggf. durch ein Plakat mit Merkwörtern o.ä. aufgefangen werden.

Einen weiteren strategie- und silbenorientierten Zugang zur deutschen Orthographie, der sowohl für ältere, bereits in der L1 alphabetisierte Zweitsprachlerner als auch für den Erstschrifterwerb mit ein- und mehrsprachigen Lernern konzipiert ist, legt Pracht (2012) mit der *Schemabasierten Basisalphabetisierung* vor. Sie lehnt das Lautieren als alleinige Strategie im Schriftspracherwerb ab und plädiert ebenfalls für eine direkte Heranführung an das System Orthographie. Im Gegensatz zu den Entwürfen von Bredel und Röber sind die Vorschläge zur Einführung von Vokal- und Konsonantengraphemen detailliert und berücksichtigen auch besondere Lernschwierigkeiten von Kindern und Jugendlichen mit DaZ. In der konkreten Umsetzung wird mit einfachen trochäischen Wortformen begonnen, die durch einen großen (für die betonte Silbe) und einen kleinen (für die Reduktionssilbe) Kreis visualisiert werden – diese Struktur bildet die Basis für die sukzessive Einführung von Graphemen und die gesteuerte Erschließung orthographischer Muster.

Satzinterne Großschreibung: Wortarten- vs. Syntaxorientierung

Die satzinterne Großschreibung stellt, wie in empirischen Untersuchungen wiederholt gezeigt wurde, eine Hauptfehlerquelle für Schreiber aller Alters- und Kompetenzstufen dar. Der Deutschunterricht scheitert in diesem Zusammenhang offenbar daran, die Nachteile von Kindern und Jugendlichen mit ungünstigen Lernvorrausetzungen auszugleichen:

> Es ist anzunehmen, dass grammatisch fundierte Fehlerkategorien wie die Großschreibung zwischen Kindern aus schriftfernen und schriftnahen Milieus in besonderem Maße differenzieren. (Betzel 2015: 73)

Die klassische Vorgehensweise ist dabei an der lexembezogenen Erklärung orientiert: Den SuS wird vermittelt, dass Wörter einer bestimmten Lexemklasse (Nomen bzw. Substantive) großzuschreiben sind, wobei die Definition dieser Klasse üblicherweise im Laufe der Schulzeit an Komplexität zunimmt und dabei auch verschiedene linguistische Ebenen einbezieht:

- Nomen als Bezeichnungen für Menschen, Tiere, Pflanzen und Dinge; später auch für Abstrakta wie Gedanken, Vorstellungen und Gefühle.
- Nomen als Wörter, die im Singular und Plural stehen können und über ein festes Genus verfügen.
- Nomen als Wörter, die oft bestimmte Wortbildungsmuster aufweisen (z. B. Derivationen mit [-ung], [-heit], [-keit] und [-nis]).

Die Schwächen dieses Zugangs werden u. a. von Nünke / Wilhelmus (2002: 211) anhand von Kinderzitaten sehr einleuchtend aufgezeigt. Als Alternative bietet sich eine syntaxorientierte Herangehensweise an, die auf der Funktion der großzuschreibenden Wörter im Satzkontext basiert. Ein Wort ist demzufolge nicht einfach dann großzuschreiben, wenn es einer bestimmten Lexemklasse angehört, sondern dann, wenn es durch vorangestellte Attribute erweiterbar ist und das rechte Ende einer Nominalgruppe darstellt (Röber-Siekmeyer 1999: 70). Diese Funktion wird über sogenannte Treppengedichte für Kinder zugänglich gemacht; auf dieser Basis wird die Attribuierungsprobe als einfache und zuverlässige Strategie zur Ermittlung großzuschreibender Wörter eingeführt.

unter Schnee
unter dem Schnee
unter dem kalten Schnee
unter dem kalten, feuchten Schnee
schläft
der grüne Klee
(Röber-Siekmeyer 1999: 94)

Ziel ist letztlich die Fähigkeit, auch bei selbst formulierten Sätzen mit Hilfe der Attribuierungsprobe die Kerne von Nominalgruppen zu identifizieren, wie es eine Drittklässlerin im folgenden Beispiel tut (Arbeitsblätter und Materialien zu Treppengedichten: z. B. Rautenberg et al. 2016; Riegler / Geist 2017).

Die Katze
liegt
auf der Matratze.
Die gestreifte Katze
liegt
auf der blauen Matratze.
Die schwarz weis geflekte Katze
liegt
bald nichtmer auf der Matratze.
Nun sind die reime aus und ihr sagt Aplaus.
(Treppengedicht, Schülerin Kl. 3) (Quelle BG)

Der syntaxbezogene Ansatz ist, wie aktuelle Interventionsstudien zeigen, durchaus praktikabel, der traditionellen Herangehensweise aber auch nicht so deutlich überlegen, wie die theoretischen Vorüberlegungen z. T. nahelegen (Rautenberg et al. 2016). Vor diesem Hintergrund ist auch eine Verbindung des – konkreten, aber auf Dauer weniger tragfähigen – lexembezogenen Ansatzes mit der – abstrakten, aber vielfältiger einsetzbaren – syntaxbasierten Herangehensweise denkbar (z. B. Pracht 2012: 34 f.). So könnte über eine Einführung prototypischer (konkreter) Nomen, die anschließend auch als Kerne von Nominalgruppen betrachtet werden, der schnelle und intuitive wortartbezogene Zugriff mit der Attribuierungsprobe kombiniert werden.

Kontrastiver Rechtschreibunterricht und koordinierte Alphabetisierung in Erst- und Zweitsprache

In den Rechtschreibunterricht können – entsprechende Kenntnisse der Lehrkraft vorausgesetzt, wie sie z. B. bei Colombo-Scheffold et al. (2012) und Krifka et al. (2014) in kompakter Form zusammengestellt sind – sprachvergleichende Impulse und Aufgabenstellungen eingebaut werden. Ein punktueller Vergleich zwischen der deutschen und der (stark am phonographischen Prinzip orientierten) türkischen Orthographie kann beispielsweise nicht nur für Lerner(innen) mit Türkisch als L1, sondern auch für solche mit anderen Erstsprachen oder für einsprachige SuS gewinnbringend sein: Der Vergleich zwischen verschiedenen Systemen erleichtert es, einen distanzierten Blick auf das mehr oder weniger vertraute (deutsche) System zu richten und die ihm zugrunde liegenden Prinzipien zu entdecken.

Kalkavan (2012b: 75 f.) zieht aus der Beobachtung von Übertragungen (hier v. a. aus der L2 in die L1) den Schluss, dass sprachkontrastive Gesichtspunkte stärker in den Fokus des Unterrichts gestellt werden sollten. Möglich sei dies unter anderem im Rahmen von Rechtschreibgesprächen, in denen über Sprachreflexion der (mehrsprachige) innere Regelbildungsprozess unterstützt werden kann. Dabei ist es wichtig, Transferleistungen der SuS nicht pauschal defizitorientiert als negative Auswirkungen der Mehrsprachigkeit abzutun, sondern – nach Möglichkeit – als Indiz für Rechtschreibbewusstsein und Ansatzpunkt für Schriftreflexion zu nutzen. Zu berücksichtigen ist, dass mehrsprachige SuS kontrastive Vergleiche und mögliche Übertragungen aus der L2 in die L1 nicht zwingend eigenständig reflektieren, sich der individuellen Schwierigkeiten somit auch nicht zwangsläufig bewusst sind. So nennt Zainal (s.

Eingangsbeispiel, S. 76) entgegen den deutlich beobachtbaren Schwierigkeiten in keinem der dokumentierten Rechtschreibgespräche Vokale als Aufpassstelle (Geist / Hesselbarth 2017). Lehrkräfte benötigen also eigene Kenntnisse über die Erstsprachen, um SuS mit DaZ zu Vergleichen anzuregen.

Kniffka / Siebert-Ott (2012: 186 ff.) schlagen eine kontrastive Betrachtung der satzinternen Großschreibung im Deutschen vor, die auf der Einsicht beruht, dass hier im Vergleich mit den Herkunftssprachen der Kinder, aber auch mit den schulischen Fremdsprachen eine schriftsystematische Besonderheit vorliegt. Diese Herangehensweise sei aufgrund der Komplexität der Sache allerdings nicht zur Einführung des Lerngegenstands, sondern für eine spätere vertiefende Betrachtung geeignet.

Wesentlich weitergehende Möglichkeiten bietet die koordinierte zweisprachige Alphabetisierung in L1 und L2, für deren Umsetzung eine Reihe organisatorischer Maßnahmen erforderlich ist. Beispielsweise werden an der Staatlichen Europa-Schule Berlin ‚two way immersion'-Programme mit diversen Sprachkombinationen (u. a. Deutsch-Englisch, Deutsch-Russisch, Deutsch-Türkisch) angeboten, bei denen jeweils etwa die Hälfte der Klasse eine der beiden Sprachen als L1 spricht (Siebert-Ott 2014: 496 f.); vergleichbare Modelle gibt es auch in anderen Ballungsräumen und mit anderen Zweit- bzw. Fremdsprachen. Angestrebt wird mit dem koordinierten Lernen neben der kompensatorischen Förderung von L2-Lernern mit ungünstigen Lernbedingungen immer auch das Angebot einer zusätzlichen sprachlichen Qualifikation für einsprachige Kinder und Jugendliche (Kniffka / Siebert-Ott 2012: 190).

Für alle mehrsprachigen Lerngruppen ist abschließend die Bedeutung eines langfristigen Orthographieunterrichts auch in der Sekundarstufe – gerade für SuS mit ungünstigen Lernvoraussetzungen – zu betonen. Die Grundlagen für eine positive Entwicklung müssen aber nach Möglichkeit bereits im Grundschulalter durch einen (schrift-)sprachbewussten, systemorientierten Rechtschreibunterricht gelegt werden.

4.4 Diagnose: Rechtschreibkompetenz erheben und beurteilen

Dass Diktate nur in sehr eingeschränkter Form geeignet sind, um über die Rechtschreibfähigkeiten von SuS (gleich welchen sprachlichen Hintergrunds) Auskunft zu geben, ist inzwischen Konsens in der Deutschdidaktik, auch wenn hier im Hinblick auf die Schulen noch Überzeugungsarbeit geleistet werden muss. Erforderlich ist für eine präzise Diagnose zunächst eine Unterscheidung verschiedener Ebenen von Rechtschreibkompetenz, wie sie z. B. Fay / Berkling (2013: 85) auflisten:

- Deklaratives Wissen: z. B. Definitionen und Rechtschreibregeln wiedergeben können.
- Problemlösungswissen: z. B. Strategien zur Herleitung der richtigen Schreibung einsetzen können.
- Prozedurales Wissen: z. B. gespeicherte Schreibschemata ohne besonderen kognitiven Aufwand abrufen können.
- Metakognitives Wissen: z. B. die eigenen Fähigkeiten und Grenzen, Fehlerschwerpunkte und nützliche Lernstrategien benennen können.

Die schulische Diagnose berücksichtigt traditionell vor allem Problemlösungs- und prozedurales Wissen. Dies ist einerseits sicherlich berechtigt, andererseits sollte jedoch gerade für SuS mit DaZ auch die Einbeziehung metakognitiven Wissens erwogen werden. Ein reflektiertes Wissen über die eigene (Schrift-) Sprachbiographie und über Schwierigkeiten, die sich möglicherweise aus den Unterschieden zwischen den Schriftsystemen von L1 und L2 ergeben, ist aus unserer Sicht ein wichtiger Bestandteil von Rechtschreibkompetenz und sollte deshalb auch gezielt – z. B. in leitfadengestützten Rechtschreibgesprächen – erfasst werden.

Zur Ermittlung prozeduralen Wissens eignet sich die Analyse von frei verfassten Schülertexten anhand eines Fehlerschlüssels (z. B. OLFA, Thomé / Thomé 2010). Hierbei werden auf der Basis eines ausreichend umfangreichen Textes Fehlschreibungen vorgegebenen Kategorien zugewiesen, die sprachsystematischen Ebenen (z. B. dem phonographischen, silbischen, morphologischen und syntaktischen Prinzip) zugeordnet sind. Entscheidend für die Aussagekraft der Ergebnisse ist dabei die Qualität der Fehlerkategorien: Ist diese gewährleistet, so liefern Fehlerschlüssel häufig hilfreiche Richtlinien für eine punktgenaue Förderung des Schreibers (Fay / Berkling 2013: 89 f.). Kritisch ist allerdings anzumerken, dass die Ergebnisse naturgemäß stark von den Eigenheiten des (zufällig ausgewählten) Textes abhängen und Zuverlässigkeit deshalb nur bei verhältnismäßig umfangreichen Texten erreichbar ist.

Zeitökonomischer und möglicherweise aussagekräftiger ist der Einsatz von standardisierten Verfahren (z. B. HSP, May 2012). Allerdings ergeben sich dabei für viele Kinder und Jugendliche mit DaZ Probleme aus dem eingeschränkten Lexikonzugriff: Verhältnismäßig häufig werden – obwohl die Wörter durch die Lehrkraft diktiert werden – andere Wörter als die vorgesehenen verschriftet, was sich ungünstig auf die Genauigkeit der Auswertung auswirkt (Becker / Siekmann 2012). Die besonders bei Seiteneinsteigern zu erwartenden Interferenz- bzw. Transferfehler (s. o.) werden bei den gängigen Diagnoseinstrumenten nicht berücksichtigt – dies gilt für Fehlerschlüssel ebenso wie für standardisierte Testverfahren. Die Interpretation der Ergebnisse bleibt also in der Verantwortung der Lehrkraft.

Für eine gezielte Überprüfung des Lernstands mit Bezug auf ausgewählte, im Unterricht behandelte orthographische Teilbereiche bietet sich der Einsatz von Lückentexten (s. für die Sekundarstufe z. B. die durch einen Leitfaden für ein anschließendes Gruppengespräch ergänzte Vorlage von Droll 2014) an. Deklaratives und Problemlösungswissen lassen sich – in Kombination mit prozeduralem Wissen – ebenfalls durch gezielte Aufgabenformate abprüfen.

Aufgabenstellungen zur Diagnose von Problemlösungswissen am Beispiel von morphologisch begründeten Schreibungen:

Diese Wörter enthalten ‚Aufpassstellen'. Schreibe das Wort dahinter, das dir hilft, richtig zu schreiben. Achte dabei auf die Groß- und Kleinschreibung!

die Häuser _______

das Schreibheft __________

er flog _________

der Wandschrank _______

endlich __________

sie fällt __________

Denke an das ‚Hilfswort' und setze richtig ein: d oder t?

eiskal_, kugelrun_, bil_schön, Wal_bran_, Har_platz

Bei der Bewertung von Rechtschreibleistungen gibt es bereits Sonderregelungen für den Umgang mit SuS mit Lese-Rechtschreibschwierigkeiten. Diese sollten unseres Erachtens, solange die (schrift-)sprachlichen Voraussetzungen für einen sicheren Umgang mit der Orthographie noch nicht vorhanden sind, auch für SuS mit spätem Zweitspracherwerb angewandt werden – auch über die bisher vorgesehenen Altersgrenzen (i. d. R. Klasse 6) hinaus.

4.5 Aufgaben

1. Ziehen Sie aus dem folgenden Text Rückschlüsse auf die Rechtschreibfähigkeiten der Schreiberin (Kl. 2, DaZ, L1: Arabisch).

Laputa das Schloss im Himmel
Es war ein Mädchen sie hate
einen stein ein ganz Besonderes
stein sie worde in ein zimer
drinnen In ein Luft. Schieff dann
Komten Pieraten Sie haben denn
Scheff von den Luft Schiff gesehen
er war bewust loss weil das Mädchen
und dan ist das Mädchen Raus-
geklettert und dan ist sie ronter-
gefalen aber sie ist nicht Geschtorben
weil der Stein hat ihr eine sampfte
Landung gegeben ein junge hat für
sein Seff eine Suppe mit fleisch
gekauft aber er hat das Mädchen
gesehen und er hat sie gehoben und es get
so weiter und so vort

2. Erläutern Sie unter Verwendung des folgenden Beispielsatzes unterschiedliche Erklärungen für die satzinterne Großschreibung im Deutschen. Welche Konsequenzen ziehen Sie daraus für Ihren Unterricht?
   Nach dem Baden sonne ich mich.

4.6 Weiterführende Literaturhinweise

Eine grundlegende Einführung in Fragen des Orthographieerwerbs bieten Bredel et al. (2011). Differenzierte Beiträge zum Erwerb und der Didaktik der Rechtschreibung mit Blick auf SuS mit DaZ finden sich bei Grießhaber / Kalkavan (Hrsg.) (2012).

5 Texte schreiben

Inhaltsangabe
In dem Textausschnitt „Krieg" von Janne Teller geht es um die Vorstellung, was wäre, wenn in Deutschland Krieg wäre, wenn die Bombe das ganze land zerstören und alle Häuser kaputt sind was machst du dann? Der Vater nimmt Kontakt mit ein paar Männern auf, die die Flüchtlings Transporte arrangieren, um die Famile zu retten. Sie müssen alles verkaufen. Sie haben nicht mehr viel Geld. Der Vater muss sich als Politiker ausgeben. Er will der Familie helfen, um Asyl zu bekommen. Wenn sie in sicherheit sind, dann machen sie alles was für sie nötig ist. Sie haben Angst vor Bomben und Kälte. Sie haben die Großmutter verloren. […]
Diesen Text produziert Karim (17 J.), der seit etwa 14 Monaten in Deutschland lebt. Es zeigen sich neben erwartbaren kleinen Schwierigkeiten mit der deutschen Orthographie (besonders an den Stellen, an denen keine Lautorientierung vorliegt: **Flüchtlings Transporte*, **sicherheit*) bereits – auf den ersten Blick beeindruckende – sprachliche und textuelle Fähigkeiten. Die Orientierung am schulisch vermittelten Textmuster ‚Inhaltsangabe' gelingt dem Schüler auf überzeugende Weise, wie unter anderem der Einleitungssatz deutlich macht. Gleichzeitig fallen aber auch bestimmte Hürden auf (z. B. die mangelnde Kohärenz zwischen dem ersten und dem zweiten Satz), die für Textproduktionsprozesse charakteristisch sind und die Notwendigkeit einer gezielten Förderung von Schreibkompetenz belegen.

Die Fähigkeit, Texte in schriftlicher Form zu verfassen, ist in der literalisierten Gesellschaft unverzichtbar – unabhängig von allen technischen Entwicklungen, die in den letzten Jahrzehnten die mit der Textproduktion verbundenen Anforderungen und Möglichkeiten revolutioniert haben. Es ist ein fatales Missverständnis, zu glauben, die Fähigkeit zum Texteschreiben ergebe sich automatisch, sobald ein(e) Lerner(in) den basalen Schriftspracherwerb durchlaufen habe und über ausreichende mündliche Ausdrucksmöglichkeiten verfüge (Feilke 2017: 159 f.). Dies gilt auch und besonders für SuS mit DaZ, deren spezifische Lernvoraussetzungen in den einschlägigen fachdidaktischen Publikationen zum Texteschreiben nach wie vor kaum Berücksichtigung finden.

In diesem Kapitel wird zunächst geklärt, welche besonderen Anforderungen die Textproduktion an Schreiber(innen) stellt und wie Zweitsprachlerner(innen) mit diesen umgehen können. Anschließend sollen verschiedene schreibdidaktische Konzeptionen und Methoden, die teils gezielt für mehrsprachige

Klassen entwickelt wurden, teils auch dem allgemeinen deutschdidaktischen Diskurs entstammen, beschrieben und hinsichtlich ihrer Eignung für mehrsprachige Klassen diskutiert werden.

5.1 Fachliche Grundlagen: Textproduktion und Schreibforschung

Die Frage, was eigentlich eine sprachliche Einheit zu einem Text macht, ist in der Sprachwissenschaft in den vergangenen Jahrzehnten in einer Ausführlichkeit diskutiert worden, die hier nur angedeutet werden kann.

Beispieltext: Rudi Altig, 79. An dem Radrennfahrer konnte man gut verfolgen, wie ein Sportidol gründlich aus der Zeit fällt. In den Sechzigerjahren war Altig einer der ganz Großen des westdeutschen Sports, bei der Tour de France siegte er auf acht Etappen und trug 18 Tage lang das Gelbe Trikot. Als er 1966 auf dem Nürburgring den Weltmeistertitel der Straßenprofis gewann, war er populär wie nie. Der Mannheimer eignete sich bestens zum Volkshelden, er jammerte nie, war mit rustikalem Humor ausgestattet und pflegte den Ruf, kein Blatt vor den Mund zu nehmen. Dass Doping sich zu einem Problem entwickelte, das man nicht mehr mit Sprüchen abtun konnte, begriff er nie. Die unzähligen Skandale nervten ihn, „ich kann den ganzen Scheiß nicht mehr hören", motzte er. Als er selbst noch im Sattel saß, hieß er „die radelnde Apotheke". Betrug sah er nicht darin, leistungssteigernde Medikamente geschluckt zu haben. „Zu meiner Zeit war Doping nicht verboten", so verteidigte er sich gern. Nach seiner Karriere blieb er im Radsport und wurde Bundestrainer und Rennleiter. Rudi Altig starb am 11. Juni in Remagen an Krebs.

(DER SPIEGEL Nr. 25/2016: 133)

Texte zeichnen sich zunächst an der Oberfläche häufig durch grammatikalisch-lexikalische Verknüpfungsmittel, z. B. in Form von Wiederaufnahmen *(Rudi Altig, der Mannheimer, er …)* aus. Andererseits werden Verknüpfungen häufig erst vom *Leser* auf der Basis von außertextlichem (und außersprachlichem) Wissen hergestellt. So ist im Beispieltext die Verbindung des 5. Satzes (*Dass Doping sich …*) zum Vorangegangenen nur durch Kenntnis der allgemeinen Dopingproblematik im Radsport möglich. Des Weiteren werden Texte von einem Sender mit einer bestimmten kommunikativen Funktion geäußert, es handelt sich also um sprachliche Handlungen. Brinker (2014: 101 ff.) unterscheidet zwischen Texten mit Informations-, Appell-, Obligations-, Kontakt- und Deklarationsfunktion. In der Praxis sind allerdings häufig verschiedenartige

Funktionen in ein und demselben Text zu beobachten: So erfüllt der obige Beispieltext neben der Kontaktfunktion (Nachruf) auch eine Informationsfunktion (Wiedergabe von Lebensstationen des Verstorbenen) und eine für die Textsorte eher untypische Appellfunktion (Kritik an Haltungen und Äußerungen des Verstorbenen). Kommunikationstheoretisch haben Texte ihren Platz in „zerdehnten Kommunikationssituationen“ (Ehlich 1983: 32), in denen sprachliches Handeln gewissermaßen überliefert wird – hierfür eignet sich naturgemäß das Medium der Schriftlichkeit in besonderer Weise.

Der Text lässt sich zusammenfassend definieren als eine aus mehreren sprachlichen und möglicherweise nichtsprachlichen Elementen bestehende zusammenhängende Einheit, die eine erkennbare kommunikative Funktion erfüllt und in einer zerdehnten Kommunikationssituation in schriftlicher oder anderer Form fixiert vorliegt. Aufgrund dieser Vielschichtigkeit des Textbegriffs ist es nicht überraschend, dass auch die Produktion von Texten sehr komplexe und vielfältige Fähigkeiten verlangt. Erforderlich dafür ist „die Fähigkeit, pragmatisches Wissen, inhaltliches (welt- und bereichsspezifisches) Wissen, Textstrukturwissen und Sprachwissen in einem Schreibprozess so anzuwenden, dass das Produkt den Anforderungen einer (selbst- oder fremdbestimmten) Textfunktion […] gerecht wird.“ (Fix 2008: 33) Auf diese Herausforderungen müssen sich Kinder und Jugendliche im Lauf ihres Schreiberwerbs einstellen (Hochstadt et al. 2015: 49 f.).

Dieser Prozess wird seit den 1980er Jahren von der Schreibentwicklungsforschung beschrieben. Prägend wirkte dabei vor allem das Dimensionswechselmodell nach Bereiter (1980), das die Schreibentwicklung durch die wechselnde Fokussierung verschiedener Kontrollebenen (Prozess, Produkt, Leser) erklärt. Dies erlaubt auch die Beschreibung besonderer Herausforderungen des Schreibens in der Zweitsprache: Diese finden sich insbesondere auf der *Prozessebene*, wenn z. B. ein fremdes Schriftsystem, eine ungewohnte Schreibrichtung oder mangelnde sprachliche Fähigkeiten (z. B. hinsichtlich des Wortschatzes) das Schreiben beeinflussen. Als spezifische Anforderungen auf der *Produktebene* sind des Weiteren Schwierigkeiten bei der Beachtung schriftsprachlicher Normen und Konventionen (s. Kap. 4.2) oder ein fehlendes bzw. (kulturell bedingt) abweichendes Wissen über Textmuster zu nennen.

Die Produktion von Texten wird ebenfalls seit den 1980er Jahren als eine in Subprozesse aufteilbare, komplexe Handlung angesehen. Das kognitive Schreibprozessmodell nach Hayes / Flower (1980) geht dabei von drei wesentlichen Komponenten (Planen, Formulieren, Überarbeiten) aus, die – überwacht durch den ‚Monitor' als schreiberinterne Kontroll- und Steuerungsinstanz – nicht getrennt voneinander, sondern einander übergreifend und parallel ablaufen. Grießhaber (2014: 232) legt eine Modifikation dieses Schreibprozessmodells für das Schreiben in der L2 vor, die wir übernehmen und durch eigene Überlegungen ergänzen (Abb. 10).

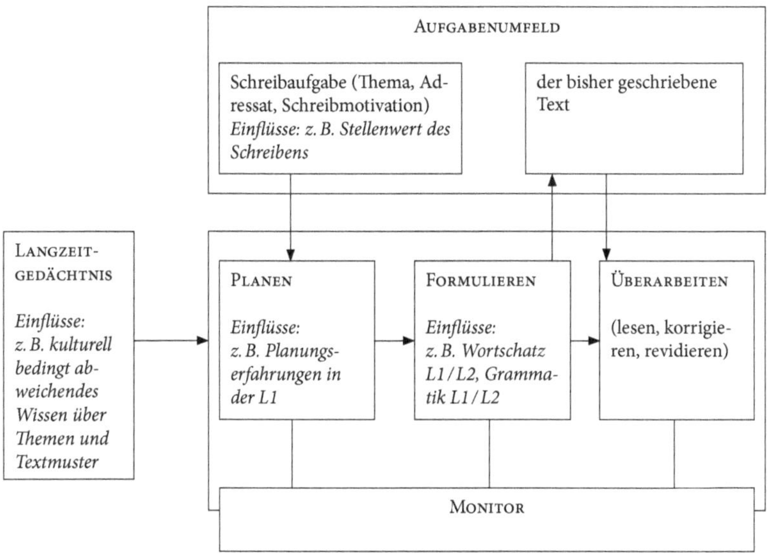

Abb. 10: Schreibprozessmodell nach Hayes/Flower 1980, eigene Darstellung in Anlehnung an Grießhaber 2014: 232

Einflüsse der Mehrsprachigkeit finden sich dabei im Langzeitgedächtnis der schreibenden Person (z. B.: kulturell bedingt abweichendes Wissen über Themen oder Textmuster), im Aufgabenumfeld (z. B.: Stellenwert des Schreibens in der L1 und der L2, Wissen über Adressaten und deren Erwartungen) sowie insbesondere im Schreibprozess im engeren Sinne (z. B.: unterschiedliche Erfahrungen mit dem Planen und Gliedern von Texten in L1 und L2, unterschiedlich ausgeprägte lexikalische und grammatikalische Fähigkeiten).

Von Bachmann / Becker-Mrotzek (2017) wird ein weiteres Textproduktionsmodell vorgeschlagen, das Schreiben als sprachliches Handeln in seiner textsprachlichen Spezifik konzeptualisiert. Dieses kommunikativ ausgerichtete Modell will insbesondere die Bedeutung von sprachlichen Wissenbeständen im

Allgemeinen und Textmusterwissen im Besonderen angemessen berücksichtigen. Schreiben wird hier nicht ausschließlich unter Problemlösungsaspekten begriffen, sondern als eine „adaptive und ressourcengeleitete Bearbeitung von Schreibaufgaben, für die – in Abhängigkeit von der Schreiberfahrung – etablierte Bearbeitungsvorschläge in Form von Textmustern zur Verfügung stehen" (ebd.: 51). Aus didaktischer Sicht bedeutsam ist vor allem, dass nun das Schreiben als Aneignung, Nutzung und Weiterentwicklung von textmusterbezogenem Wissen im Zentrum steht; damit wird auf die hohe Relevanz von sprachlichen Mustern für die Bearbeitung von Schreibaufgaben verwiesen.

5.2 Lernausgangslage und Schreibkompetenz

Die Entwicklung von Textproduktionskompetenz ist schon bei einsprachigen Lernerinnen und Lernern von zahlreichen Faktoren (sprachliche, motorische und kognitive Fähigkeiten, Literacy-Erfahrungen) abhängig, was letztlich zu gravierend unterschiedlichen Leistungen noch im Erwachsenenalter führt. In mehrsprachigen Kontexten kommen zu all diesen Einflüssen noch höchst unterschiedliche sprachliche Hintergründe hinzu, die eine verallgemeinernde Beschreibung der Entwicklung erschweren. Grießhaber (2014: 232) berichtet von eklatanten Leistungsunterschieden zwischen SuS mit DaZ im Bereich Texte schreiben – sehr positive Ergebnisse erreichten u. a. gymnasiale Seiteneinsteiger(innen) mit ähnlichen Bildungsbiographien wie Karim.

Kinder mit frühem L2-Erwerb wie Ebru erwerben basale mündliche Fähigkeiten, zumindest im konzeptionell mündlichen Register (s. Kap. 2.2), häufig sehr zügig und können deshalb auch bei der Textproduktion u. a. auf einen umfangreichen (alltagssprachlichen) Wortschatz zurückgreifen. Allerdings fehlen ihnen elaborierte sprachliche Mittel, wie sie für schriftnahe Kontexte üblich sind, oft nicht nur im Deutschen, sondern auch in der L1, wodurch eine Übertragung nicht möglich ist. Diese Mittel stehen Karim in seiner L1 und teilweise auch in der Fremdsprache Englisch zur Verfügung, was eine Verwendung entsprechender Strukturen in der L2 erleichtert. Grießhaber (2014: 229) weist darauf hin, dass auch schreibprozessbezogene Kompetenzen (z. B. Erfahrungen bei der Planung und Überarbeitung von Texten, Orientierung an Textmustern) auf die L2 übertragen werden können, wie auch das Eingangsbeispiel (S. 96 zeigt. Hingegen fehlen Karim im Deutschen in vielen Kontexten nicht nur passende bildungssprachliche Strukturen und lexikalische Ausdrücke, sondern (aufgrund der geringen Kontaktdauer) auch basale kommunikative Fähigkeiten (Schindler / Siebert-Ott 2014: 196). Die Förderung des Texteschreibens in der L2 muss sich, um effektiv und nachhaltig zu sein, an diesen Ressourcen und Defiziten orientieren. Eine gezielte Förderung konzeptionell schriftlicher Fähigkeiten in der L1 kann vor diesem Hintergrund lohnend sein, sie ist aber, wie Schindler / Siebert-Ott (2014: 201) betonen, „keine notwendige oder hinreichende Voraussetzung für einen erfolgreichen Schriftspracherwerb im Medium der Zweitsprache".

Unklar sind ebenso die Auswirkungen mündlicher Fähigkeiten in der L2 auf die Textproduktionskompetenz: Offensichtlich besteht ein Zusammenhang zwischen den morphosyntaktischen Kompetenzen von Schreibern in der L2 und dem Umfang ihrer Texte. Allerdings ist hier auch von einer Wechselwirkung auszugehen: Fähigkeiten in der gesprochenen Sprache sind nicht nur Voraussetzung für erfolgreiches Texteschreiben, sondern der Eintritt in die mediale Schriftlichkeit beeinflusst auch die Entwicklung mündlicher Kompetenzen positiv (Schindler / Siebert-Ott 2014: 200 f.).

Derzeit wird davon ausgegangen, dass die Schreibentwicklung, wie sie unter 5.1 beschrieben wurde, sprachenunabhängig ist. Mehrsprachige SuS würden demnach die gleichen Entwicklungsstufen wie einsprachige SuS durchlaufen – möglicherweise mit unterschiedlicher (sowohl langsamerer als auch schnellerer!) Geschwindigkeit oder abweichendem Erfolg, wobei sich dies, wie oben gezeigt wurde, nicht pauschalisieren lässt. Teilweise wurde beobachtet, dass Planungs- und Überarbeitungsphasen bei Schreibprozessen in der L2 kürzer ausfallen – dies lässt sich mit dem erhöhten Zeitaufwand für Formulierungsprozesse in der L2 erklären und führt nachvollziehbarerweise häufig zu einer geringeren Textqualität (Marx 2017: 144 f.).

Die Frage, ob SuS mit DaZ insgesamt größere Lernschwierigkeiten im Bereich des Texteschreibens aufweisen als gleichaltrige Lerner(innen) mit DaE, lässt sich vor dem Hintergrund der vorliegenden Untersuchungen nicht vollständig beantworten. Zuverlässige Forschungserkenntnisse liegen kaum vor, weil Hintergründe der untersuchten Personen stark divergieren und in vielen Studien v. a. Fremdsprachlerner(innen) in Hochschulkontexten berücksichtigt wurden, deren Ergebnisse kaum repräsentativ für ‚durchschnittliche' SuS mit DaZ sind. Ein Großteil der vorliegenden Untersuchungen weist zudem einen stark defizitorientierten Charakter auf und ist nicht darauf angelegt, auch positive Effekte von Mehrsprachigkeit aufzudecken (hierzu Marx 2017: 141 f. und Ballis 2014). Einige wichtige Beobachtungen, die sich auf unterschiedliche Aspekte des Schreibprozesses (s. Abb. 10) beziehen, sind im Folgenden zusammengestellt.

Motorik und Orthographie

Auf Herausforderungen, die mit einem abweichenden Schriftsystem, einer anderen Schreibrichtung oder der Orthographie zusammenhängen, gehen wir im Kapitel 4.2 ausführlich ein. Grießhaber plädiert in diesem Zusammenhang für eine gewisse Fehlertoleranz gegenüber den Produkten von L2-Schreibenden (2014: 234). In der Tat ist zwar eine zu weit über den aktuellen sprachlichen Fähigkeiten ansetzende Intervention sicherlich nicht hilfreich – dennoch sehen wir eine reine Fokussierung auf den Inhalt ohne Berücksichtigung sprachlicher Verstöße kritisch. Unter 4.3 wird anhand von zahlreichen Beispielen gezeigt, dass ein systematisch orientierter und speziell L2-Lerner adressierender Orthographieunterricht möglich und wichtig ist, um Nachteile im weiteren Verlauf der Schreibentwicklung zu vermeiden.

Morphologie und Syntax

Sprachschwierigkeiten – z. B. bei der Flexion unregelmäßiger Verben oder bei der Kasus- und Genusmarkierung von Nomen, Artikeln und Adjektiven – sind im mündlichen Sprachgebrauch häufig verdeckt (Knapp 1999), werden in geschriebenen Texten jedoch offensichtlich. In welchem Umfang dies ein Problem darstellt, hängt allerdings stark von der untersuchten Zielgruppe ab – Schindler / Siebert-Ott (2011: 104 f.) beispielsweise finden in Studierendentexten nur in Einzelfällen Fehlerhäufungen in diesen Bereichen.

Häufiger beobachtet wird dagegen auch bei mündlich kompetenten Sprachverwenderinnen und Sprachverwendern eine „Vermeidungshaltung auf der Satzebene“ (Schindler / Siebert-Ott 2014: 204), die sich in einer Beschränkung auf sicher beherrschte einfache Satzstrukturen (z. B. Parataxe statt Hypotaxe) äußert (s. hierzu auch Haberzettl 2009). Dabei handelt es sich meist nicht um Normverstöße im eigentlichen Sinne, weshalb diese Besonderheiten oft nicht auffallen – nichtsdestotrotz sind diese Rückstände im Hinblick auf konzeptionelle Schriftlichkeit für die Textproduktion folgenschwer und müssen deshalb dringend bei der Unterrichtsplanung berücksichtigt werden.

Wortschatz

Zahlreiche Erhebungen zeigen einen – von der Kontaktdauer und dem zur Verfügung stehenden Input abhängigen – deutlichen Rückstand von SuS mit DaZ im Bereich des produktiven Wortschatzes (s. Kap. 6.2), der sich selbstverständlich auch beim Schreiben von Texten bemerkbar macht. Notwendig ist deshalb einerseits eine systematische Wortschatzförderung, die gerade auch domänenunspezifische bildungssprachliche Elemente wie die oben erwähnten Kohäsionsmittel in den Blick nimmt (s. Kap. 6.3). Andererseits sollte eine produktorientierte Schreibdidaktik (s. Kap. 5.3) gezielt auch Lexeme, die für Textsorten typisch sind oder für bestimmte Textprozeduren benötigt werden, verfügbar machen.

Textmuster

Vielen SuS mit DaZ fehlen die im Deutschen gesammelten Erfahrungen mit mündlichen Textmustern (z. B. Erzählungen) – allerdings stehen diese, wie z. B. Schindler / Siebert-Ott (2014: 202 f.) betonen, auch einsprachigen Lernerinnen und Lernern in sehr unterschiedlichem Maße zur Verfügung. Dagegen liegen Hinweise darauf vor, dass Textmusterwissen aus der L1, wie es beispielsweise bei Karim vorliegt, auf Schreibprozesse im Deutschen übertragen werden kann. Die diesbezüglichen Befunde sind noch uneinheitlich; mit hoher Wahrscheinlichkeit können jedoch zumindest Schreibstrategien und prozessuale Fähigkeiten (z. B. zur Planung und Überarbeitung von Texten) auch in der L2 genutzt werden (z. B. Grießhaber 2014: 229). Dabei ist allerdings darauf hinzuweisen, dass Textmuster wie Argumentationen oder Erzählungen auch sprach- oder kulturspezifisch differieren können:

> So weiß ein in der Erstsprache altersgemäß literal erfahrener Seiteneinsteiger, dass bestimmte Regeln für die Textstruktur von z. B. narrativen Texten gelten. Ob diese genauso für narrative Texte in der neuen L2 anzuwenden sind, ist jedoch zunächst unklar (Marx 2017: 145).

5.3 Schreibdidaktische Konzeptionen und Methoden für mehrsprachige Lerngruppen

In der aktuellen schreibdidaktischen Diskussion spielt vor allem die *Orientierung am Prozess*, die als Gegenbewegung zum traditionellen produktorientierten ‚Aufsatzunterricht' zu verstehen ist, eine wesentliche Rolle. Hier wird

Schreiben als anspruchsvolle, aber lernbare Handlung angesehen, die sich in verschiedene Teilprozesse (Planen, Formulieren, Überarbeiten) aufteilen lässt (s. Kap. 5.1), die gezielt eingeübt werden können. Daneben wird aber zu Recht betont, dass eine ausgewogene Schreibdidaktik auch eine Berücksichtigung der *Leserperspektive* (Orientierung an Bedürfnissen und Interessen des Adressaten sowie an kommunikativen Absichten), der *Bedürfnisse der schreibenden Person* (Schreiben zur Identitätsfindung oder zur Weiterentwicklung sprachlicher Fähigkeiten, z. B. im freien oder kreativen Schreiben) und der *Produktebene* (Vermittlung prozeduralen Wissens über Textmuster und Kriterien für Texte) beinhalten sollte (für einen Überblick Hochstadt et al. 2015: 86 ff.).

Prozessorientierung

Die oben erläuterten Lernausgangsbedingungen von SuS mit DaZ legen es nahe, im Unterricht in mehrsprachigen Klassen insbesondere prozessorientierte Methoden einzusetzen: Eine ‚Entzerrung' des Schreibprozesses, die die große Herausforderung der Textproduktion in einzelne Teilschritte zerlegt und somit bewältigbar macht, ist in der L2 vermutlich noch wichtiger als in der L1 (Grießhaber 2014: 235). Dabei kann zunächst geprüft werden, ob eine Isolierung von Teilen des Schreibprozesses hilft – so schlägt Merklinger (2012) für SuS mit DaZ beispielsweise Verfahren diktierenden Schreibens vor, mit denen sie von motorischen und orthographischen Teilprozessen entlastet werden und sich so ganz auf das Formulieren und das Produzieren von Makro-Strukturen konzentrieren können. Je nach vorhandenen Fähigkeiten der Schreiber(innen) könnte auch das Schreiben mit elektronischen Medien oder allein das Anbieten zusätzlicher Schreibzeit Probleme, die aus einem ungewohnten Schriftsystem resultieren, vermindern. Philipp (2017: 192 ff.) zieht aus metaanalytischen Befunden den Schluss, dass diese personelle und technische Entlastung von Schreibprozessen durchaus wirksam sein kann, aber in erster Linie eine Brückenfunktion erfüllt: Nachhaltige Förderung geschehe vor allem durch Fördermaßnahmen, die explizit und systematisch den Schreibprozess unterstützen. Hierfür sollen im Folgenden einige Anregungen, die uns für mehrsprachige Lerngruppen besonders geeignet erscheinen, vorgestellt werden.

Im Hinblick auf den Teilprozess des Revidierens bietet es sich an, Werkzeuge zur Überarbeitung wie die Checkliste (Fix 2008: 178 ff.) gezielt auf DaZ-spezifische Lernschwierigkeiten auszurichten. Schreibgespräche zwischen ein- und mehrsprachigen SuS, wie sie z. B. in der Schreibkonferenz nach Spitta (1992) vorgesehen sind, unterstützen nicht nur die Überarbeitung von Texten, sondern bieten auch eine Chance für semantisch-lexikalisches Lernen und somit für ‚beiläufige' Wortschatzarbeit (s. Kap. 6.3). Sevegnani hebt in diesem Zusammenhang hervor, dass Schreiben „nicht nur als Lerngegenstand, sondern auch als Lernmedium" (2010: 240) betrachtet werden sollte.

Gerade im Hinblick auf die besonderen Bedürfnisse von L2-Lernern halten wir es für wichtig, die gezielte Unterstützung von Teilprozessen auch auf die Formulierungskompetenz zu beziehen. Hier kann es wertvoll sein, schriftlichen Aufgaben, die hohe sprachliche Anforderungen stellen, mündliche Schritte vorausgehen zu lassen oder schriftliche Teilaufgaben mit niedrigeren Anforderungen vorzuschalten (Schindler / Siebert-Ott 2014: 207 f.).

Als eine Möglichkeit der Förderung von Formulierungskompetenz schlägt Schmölzer-Eibinger (2012: 166 ff.) das kooperative Schreiben vor. Dabei soll durch das Vorschlagen, Begründen und Verhandeln von Formulierungen der Schreibprozess gewissermaßen entschleunigt werden:

> Dies erfordert einen intensiven Austausch in Bezug auf die Verwendung einzelner Begriffe, die reflektierte Konstruktion von Sätzen und die nachvollziehbare Entfaltung des Themas. Interaktion spielt in diesem Prozess eine zentrale Rolle: die Aushandlungsaktivitäten der Lernenden machen nicht nur ihre Probleme im Umgang mit der Schreibaufgabe sichtbar, sondern auch ihre Anstrengungen, diese zu lösen. (Ebd.: 167)

In diesen Zusammenhang lässt sich auch Feilkes Vorschlag einer „Textprozedurendidaktik" (2017: 158) einordnen, der zwischen Prozess- und Produktorientierung angesiedelt ist und insbesondere auf eine verbesserte sprachliche Gestaltung und kompositorische Textkompetenz hin angelegt ist – mithin nicht deklaratives Wissen vermittelt, wie es noch häufig in produktorientierten Aufgabenstellungen geschieht, sondern prozedurales Wissen aufbauen möchte. Feilke empfiehlt eine Orientierung an „prozedural wiederkehrenden Handlungsmustern in Texten, den sogenannten Textprozeduren" (ebd.: 162). Dabei lassen sich Texthandlungstypen (z. B. für die Sekundarstufe das Argumentieren) verschiedene Handlungsschemata (z. B. Positionieren, Konzedieren) zuordnen, zu deren Verwirklichung bestimmte Prozedurausdrücke dienen (z. B. *ich finde, dass …*; *meines Erachtens …*; *zwar …, aber*), deren Verwendung in einem prozessorientierten Schreibunterricht gezielt trainiert werden kann (Hochstadt et al. 2015: 100). Eine gezielte Förderung von Formulierungskompetenzen erfordert im Sinne eines integrativen Deutschunterrichts auch eine Verbindung mit einem funktional angelegten Grammatikunterricht sowie einer expliziten und systematischen

Wortschatzarbeit (s. Kap. 6.3). Ricart Brede schlägt vor, die Prozessorientierung durch die Einbeziehung der Erstsprachen mehrsprachiger SuS zu ergänzen:

> Insbesondere für sogenannte Seiteneinsteigerinnen und Seiteneinsteiger, die erst während der Schulzeit und somit ‚von der Seite her' in das deutsche Schul- und Bildungssystem eingestiegen sind [...], erscheint es einerseits bedeutsam und andererseits vielversprechend, die vorhandene Mehrsprachigkeit in Schreibprozessen zu berücksichtigen. (Ricart Brede 2016: 68)

So kann beispielsweise das Planen eines Textes bewusst in der Herkunftssprache durchgeführt werden. Dies wirkt sich möglicherweise positiv auf die Textqualität aus, da Ideen bei der Planung in der Herkunftssprache nicht durch Lücken im Wortschatz beschnitten werden (Brömel 2016: 38). Erst anschließend erfolgt die Ausformulierung (und ggf. Überarbeitung) des Textes in der Zielsprache. So ermöglicht es der Deutschunterricht insbesondere späten L2-Lernerinnen und -lernern, ihre bildungs- und schriftsprachlichen Kenntnisse in der L1 zu pflegen und weiterzuentwickeln.

Daneben werden noch weitere Strategien vorgeschlagen, die mit den SuS erarbeitet, erprobt und anschließend in Form eines Plakats im Klassenzimmer sichtbar aufbewahrt werden können (Ricart Brede 2016: 69). Beim Verfassen von Texten im Fachunterricht (z.B. Protokollen) böte es sich beispielsweise an, diese zunächst in der L1 anfertigen zu lassen, sofern die zur Verfügung stehenden sprachlichen Mittel in der L2 (v.a. hinsichtlich des Wortschatzes) nicht ausreichen. Die Übertragung ins Deutsche könnte im Förderunterricht oder nach dem Prinzip des kooperativen Schreibens (s.o.) in einer Gruppenarbeit, in der Mitschüler(innen) mit DaE als ‚Textberater' fungieren, erfolgen.

> Eine derartige Offenheit gegenüber Mehrsprachigkeit kann für einige Schülerinnen und Schüler eine zielführende Hilfestellung zur Partizipation am Unterricht sein. Gleichzeitig trägt sie dazu bei, vorhandene sprachliche Potenziale in tatsächliche Kompetenzen zu überführen. (Ebd.: 70)

Lohnend kann es darüber hinaus sein, die SuS – insbesondere Seiteneinsteiger(innen) wie Karim – auch ganz unabhängig von zweitsprachlichen Schreibaufgaben zum Schreiben in der L1 (z.B. in Form eines Tagebuchs, Gedicht- oder Geschichtenheftes) anzuregen. Hierüber könnten dann, wenn die Zusammensetzung der Lerngruppe dies ermöglicht, auch Schreibgespräche geführt werden. Damit könnte nicht nur dazu beigetragen werden, die bereits vorhandene Schreibkompetenz in der L1 zu erhalten – auch könnte ein solches Vorgehen Transfereffekte auf die Schreibkompetenz in der L2 anbahnen.

Produktorientierung

Neben einer auf Mehrsprachigkeit angelegten Prozessorientierung halten wir es für äußerst wichtig, SuS mit DaZ auch produktorientierte Kriterien für Textsorten und Textmuster an die Hand zu geben. Dabei gilt es, die Textprodukte im Spannungsfeld von Norm und Varianz, Konvention und Abweichung, Fehlerhaftem und Richtigem zu betrachten (vgl. Kruse et al. 2014). Dazu gehört auch, eine veränderte Bewertungspraxis im Unterricht zu etablieren, die neben konventionellen auch unkonventionelle Textelemente berücksichtigt, die den Text lesenswert machen. Mit einer lernersensitiven Lesehaltung können von der Lehrkraft oder von anderen SuS Textqualitäten als Ausgangspunkt eines Gesprächs über den Text aufgespürt werden. Die Lernertexte werden nicht als fertige, die Schreibkompetenz abbildende Texte verstanden, sondern als Ergebnis einer konkreten Schreibsituation.

Wichtig ist dabei – insbesondere für Kinder und Jugendliche wie CLAUDIU, die nicht die Gelegenheit haben, schriftliche Texte in ihrer L1 zu produzieren – ein besonderer Fokus auf Mittel der konzeptionellen Schriftlichkeit. Belke (2008: 237 ff.) legt mit ihrem Modell des generativen Schreibens ein Konzept vor, das literarische Texte als Ausgangspunkt für Schreibprozesse vorsieht, die von den SuS als Lernmedium für den Zweitspracherwerb mimetisch genutzt werden. Dabei wird ausdrücklich auf ihren ‚Mehrwert' im Vergleich zu alltäglichen Texten hingewiesen, der u. a. in ihrer Überstrukturiertheit und in der Universalität poetischer Mittel liege. Wie diverse von Belke (ebd.) präsentierte Beispiele verdeutlichen, eignen sich gerade lyrische Texte durch ihre regelmäßigen, häufig wiederholenden Strukturen als Ausgangspunkt für das Schreiben von Paralleltexten. Für das generative Schreiben auf der Basis von Liedern, die grammatikalische Besonderheiten hochfrequent und / oder in kontrastiver Form beinhalten, empfehlen wir die Sammlung von Frieg et al. (2014), die auch einen ausführlichen Lehrerkommentar mit Materialien enthält.

Auch klassische schulische Textsorten lassen sich in einem produktorientierten Schreibunterricht so aufarbeiten, dass für SuS mit DaZ der Erwerb von Textmustern im Sinne eines prozeduralen Wissens unterstützt wird. Ricart Brede (2014) beschreibt dies am Beispiel des Versuchsprotokolls, das eine hochfrequente und dennoch selten gezielt bearbeitete Textsorte mit exemplarischem Charakter für bildungssprachliche Sprachverwendung und einer hohen Relevanz für weiterführendes Schreiben (z. B. im Studium) darstellt. Die Spezifika dieser Textsorte machen eine gezielte Bearbeitung im sprachsensiblen Fachunterricht (oder auch im fachsensiblen Sprachunterricht) notwendig. Besondere Herausforderungen finden sich sowohl auf der sprachlichen Ebene (Verwendung geeigneter grammatischer Mittel: z. B. Indefinitpronomen, Verwendung geeigneter Satzbaumuster: z. B. Passivkonstruktionen) als auch auf der inhaltlichen Ebene (z. B. Beschreibung: Was lässt sich beobachten? Erklärung: Warum geschieht das?) (Ricart Brede 2014: 175 ff.).

Eine Analyse von 166 Versuchsprotokollen von SuS der 8. Klassenstufe zeigt zunächst deutliche qualitative Unterschiede zwischen verschiedenen Schulklassen, woraus Ricart Brede schließt, dass „[…] der Einfluss instruktiver Merkmale auf bestimmte Aspekte der Textproduktion weitaus weitreichender ist als bislang angenommen“ (2014: 183). Dies spricht im Hinblick auf SuS mit geringeren bildungssprachlichen Fähigkeiten für einen Schreibunterricht, der an Textmustern orientiert ist und gezielt geeignete Textprozeduren (Feilke 2017, s. o.) vermittelt. Es empfiehlt sich beispielsweise, geeignete Eingangssätze zur Auswahl vorzugeben, um den gewünschten unpersönlichen Schreibstil nahezulegen und bestimmte sprachliche Muster anzubahnen, die von den SuS dann im weiteren Verlauf häufig wieder aufgegriffen werden.

Charakteristika von Versuchsprotokollen und darauf bezogene didaktische Hilfestellungen (Ricart Brede 2014: 185):

Klar gegliederter Aufbau (Fragestellung, Hypothesenbildung, Durchführung, Beobachtung, Auswertung) > *Explizite Einführung der Textteile, Arbeit mit Musterprotokoll.*

Unpersönlicher Schreibstil > *Vorgabe von Satzanfängen, explizite Thematisierung von Passivkonstruktionen, Arbeit mit Musterprotokoll.*

Temporal und kausal verknüpfte Einzelaussagen > *Bereitstellung von Wortlisten mit Konnektoren, explizite Thematisierung von wenn-dann-Konstruktionen, Arbeit mit Musterprotokoll.*

Dass es prinzipiell möglich ist, durch eine funktional orientierte Bearbeitung sprachlicher Phänomene (wie z. B. Passivkonstruktionen oder Konnektoren) nicht nur deklaratives metasprachliches Wissen aufzubauen, sondern auch die schriftliche Sprachverwendung in der gewünschten Weise zu beeinflussen, zeigt am Beispiel der adverbialen Bestimmungen Klotz 1996. Die von Ricart Brede skizzierten Vorschläge lassen sich mit wenig Aufwand auch auf andere Textsorten übertragen, die im Deutschunterricht (oder in einem sprachsensiblen Unterricht anderer Fächer) in ähnlicher Weise bearbeitet werden können.

Auch Ballis (2010) plädiert für ein nachahmendes Schreiben, das sich an Textmustern orientiert, und damit für eine ausgeprägte Produktorientierung im zweitsprachlichen Schreibunterricht. Zugleich (ebd.: 243) fordert sie aber – in Übereinstimmung mit Kniffka / Siebert-Ott (2012: 102) – auch eine Fokussierung der Subjekte und ihrer Fähigkeiten im Schreibunterricht, die sich in einer Einbeziehung emotionaler und motivationaler Aspekte niederschlägt und z. B. das kreative Schreiben (Hochstadt et al. 2015: 108 ff.) als eine Form angeleiteten Schreibens nahelegt.

Abschließend ist zunächst festzuhalten, dass ein hoher Stellenwert medialer *und* konzeptioneller Schriftlichkeit eine wichtige Voraussetzung für eine nachhaltige Förderung der sprachlichen Fähigkeiten von SuS mit DaZ ist. Grießhaber (2014: 229 ff.) betont die positiven Effekte des Schreibens auf den L2-Erwerb und fordert vor diesem Hintergrund eine Wertschätzung und einen reflektierten Einsatz von Schriftlichkeit im Unterricht aller Fächer. Die Besonderheiten des Schreibens in der L2 sind über den gesamten Schreibprozess hinweg zu berücksichtigen und zu unterstützen. Ebenfalls hervorzuheben ist unseres Erachtens, auch wenn hierfür noch empirische Belege fehlen, die Bedeutung der Lehrkräfte als ‚Impulsgeber' für die Schreibmotivation und die Schreibentwicklung:

> Die in der aktuellen Pädagogik transportierte Rolle des Lehrers als ‚Lernberater' und ‚Moderator' von Lernprozessen kann nicht einfach auf den Unterricht in heterogenen Lernkontexten im Fach Deutsch übertragen werden. (Ballis 2010: 248)

5.4 Diagnose: Schreibkompetenzen erheben und beurteilen

Die Schwierigkeit der Diagnose von Schreibkompetenz, die den beteiligten Personen i. d. R. durchaus bewusst ist, hängt natürlich mit der oben (Kap. 5.1) ausgeführten Komplexität von Schreibprozessen zusammen. Bei der Beurteilung von SuS mit DaZ sind zusätzlich individuelle Lernvoraussetzungen (z. B. schriftliche Fähigkeiten und Literalitätserfahrungen in der L1, Wortschatz und grammatikalische Fähigkeiten in der L2, s. Kap. 5.2) zu beachten, was die Einschätzung der Schreib*fähigkeiten* der Lernerin bzw. des Lerners (im Gegensatz zur Text*qualität* des vorliegenden Produkts) nochmals erschwert.

Eine Hilfestellung für die Analyse von Texten auf verschiedenen Ebenen bieten Kriterienkataloge, wie sie z. B. von Böttcher / Becker-Mrotzek (2008: 56 ff.) in Form eines Basiskatalogs und mehrerer Varianten für diverse Textsorten vorgelegt werden. Der Basiskatalog enthält fünf übergeordnete Dimensionen (Sprache I, Sprache II, Inhalt, Aufbau, Prozess) mit zugeordneten Kriterien, die sich leicht für DaZ-Lerner konkretisieren lassen. Dabei sind nicht alle Kriterien zwangsläufig in die Bewertung einzubeziehen – zur Beschreibung des Lernstands und zur Planung von Fördermaßnahmen können sie dennoch hilfreich sein.

Basiskatalog zur Beurteilung von Schülertexten (Böttcher / Becker-Mrotzek 2008: 56), ergänzt um DaZ-spezifische Kriterien

Sprache I: Orthographie	Werden die vermittelten Rechtschreibregeln angewendet? Sind Übertragungen aus dem Schriftsystem der L1 (z. B. Zeicheninventar, abweichende Graphem-Phonem-Korrespondenz) erkennbar?
Morphologie (Wortform)	Sind die Wortformen grammatisch richtig gebildet? Sind z. B. die finiten Verben in Person und Numerus an die Subjekte angepasst? Wird Nomen im Nominativ das korrekte Genus zugewiesen? Werden Nominalgruppen im Akkusativ, Dativ und Genitiv korrekt flektiert?
Satzbau	Sind die Sätze grammatisch korrekt? Wird z. B. die Satzklammer in verschiedenen Variationen (Hilfsverb + Vollverb, Modalverb + Vollverb, Verb + Verbpartikel) korrekt gebildet? Sind verschiedene Satzbaupläne (V2, V1, VL) vertreten?
Sprache II: Wortwahl	Wird ein der Aufgabe angemessenes Wortmaterial verwendet? Werden z. B. präzise Begriffe (evtl. Fachwörter) verwendet? Werden angemessene Funktionswörter (z. B. Konnektoren) verwendet?
Sprachstil	Ist der gewählte Sprachstil im Hinblick auf die Textfunktion angemessen (sachlich, spannend, anschaulich, poetisch ...)?
Wagnis	Sind Wortwahl und Satzbau dem Thema in besonderer Weise angepasst (wörtliche Rede, Leseranrede ...) und werden ungewöhnliche Möglichkeiten der Sprachgestaltung genutzt?
Inhalt: Gesamtidee	Lässt der Text eine Gesamtidee erkennen (z. B. passende Überschrift)? Ist diese der Aufgabenstellung angemessen?
Umfang	Ist der Umfang der Aufgabe angemessen?

Relevanz	Sagt der Text etwas für die Aufgabe bzw. das Thema Relevantes aus? Werden ggf. neue, ungewöhnliche oder originelle Ideen entwickelt?
Aufbau: Textmuster	Wird ein der Aufgabe angemessenes Textmuster verwendet? Lässt die Textstruktur Übertragungen aus der L1 erkennen?
Textaufbau	Ist der Text sinnvoll aufgebaut (Reihenfolge)? Lässt er eine innere/äußere Gliederung erkennen (Abschnitte)?
Prozess: Planen / Überarbeiten	Lässt der Text Planungs- und Überarbeitungsspuren erkennen? Wurde bei der Planung auf die L1 zurückgegriffen (z. B. Gliederung, Vorformulierung einzelner Abschnitte)?

Eine Möglichkeit zur gezielten Erfassung von lexikalischen, grammatischen und textuellen Fähigkeiten unter besonderer Berücksichtigung der Bildungssprache bieten die profilanalytischen Instrumente *Tulpenbeet* (Kl. 4–6) und *Bumerang* (Ende der Sekundarstufe I). Besonders hervorzuheben ist bei diesen im Rahmen des FÖRMIG-Projekts entwickelten Verfahren die Möglichkeit, Textproduktionskompetenz in jeweils zwei Sprachen (angeboten werden neben dem Deutschen auch Russisch und Türkisch) zu erheben, was – entsprechende Sprachkenntnisse vorausgesetzt – die Einschätzung der Schreibkompetenz und die Planung von Fördermaßnahmen erleichtern dürfte.

Bei *Tulpenbeet* (Reich et al. 2008) dient eine kurze Bildfolge, die aufgrund ihrer Klarheit zu vergleichbaren Produkten führen soll, als Schreibimpuls. Die dazu verfassten Schülertexte lassen sich unter verschiedenen Dimensionen (Textbewältigung, Wortschatz, bildungssprachliche Elemente, Satzverbindungen) genauer betrachten – der Blick ist also im Vergleich zu den oben dargestellten Kriterienkatalogen etwas verengt; durch den standardisierten Impuls werden aber ganz bestimmte Textmuster und -prozeduren elizitiert, deren Umsetzung durch den Schreiber aussagekräftig sein kann. Zusätzlich werden quantitative Daten wie die Anzahl der Wörter und die mittlere Satzlänge erhoben. Beim Verfahren *Bumerang* (Reich et al. 2009) besteht die Schreibaufgabe im Verfassen eines Bewerbungs- und eines Instruktionstextes; hier wird unter Berücksichtigung der Analysekriterien Textpragmatik (z. B. Gestaltung, Adressierung), Wortschatz, Bildungssprache (z. B. Nominalisierungen, Komposita) und Syntax ein individuelles Sprachprofil erstellt, das insbesondere über die bildungs- und fachsprachlichen Fähigkeiten der SuS Auskunft geben kann.

In schulischen Kontexten nach wie vor aktuell ist die Frage nach dem Umgang mit orthographischen und grammatikalischen Normverstößen in selbst verfassten Texten. Im Hinblick auf Zweitsprachlerner plädiert Grießhaber in diesem Zusammenhang, wie bereits erwähnt, für ein „entspanntes Verhältnis" (2014: 234) gegenüber derartigen Abweichungen. Eine Intervention bei Fehlern dürfe nicht grundsätzlich erfolgen, sondern müsse sich am Sprachstand der SuS orientieren. Diese Position muss allerdings durchaus kritisch hinterfragt werden und darf nicht zu einer (sicherlich nicht im Sinne Grießhabers) teilweise verbreiteten unreflektierten Fehlertoleranz führen. Zwar besteht durchaus die Gefahr, dass sich eine Fehlerfixierung bei der Arbeit mit Lernertexten schreibhemmend auswirken kann. Andererseits dürfen die Fähigkeiten von SuS mit DaZ auch nicht vorsorglich unterschätzt werden: Sie verfügen häufig bereits über ausgeprägtes Sprachbewusstsein (Krafft 2014) und sind offen für schriftsprachliche oder grammatikalische Analysen. Ein gangbarer Weg wäre möglicherweise eine Art Lupenkorrektur, die je nach Sprachstand bestimmte grammatikalische Verstöße (z. B. zunächst die Satzklammer, später Markierung von Genus und Kasus) fokussiert. Jedenfalls ist darauf zu achten, dass eine falsch verstandene Fehlertoleranz nicht die Entstehung „verdeckter Sprachschwierigkeiten" (Knapp 1999) begünstigen darf.

5.5 Aufgaben

1. Wählen Sie eine der Konkretisierungen des *Basiskatalogs zur Beurteilung von Schülertexten* (Böttcher / Becker-Mrotzek 2008: 56 ff.) aus: z. B. für einfache Geschichten, Berichte oder lyrische Texte. Formulieren Sie ergänzende Kriterien auf den verschiedenen Ebenen, die die besonderen Lernvoraussetzungen von SuS mit DaZ berücksichtigen.
2. Analysieren Sie den folgenden Schülertext (Junge, Kl. 2, fL2-Erwerb, L1: Türkisch) unter Berücksichtigung der genannten Kategorien.

Unser Waldausflug

Ich, Alisa und Yasin und die anderen Kinder haben uns in grupen aufgeteilt. Dinn haben alle ein Ei gekrikt. Danach haben wir mit mos und gras und stöcke und rinde ein helm für des Ei gebaut. Dann hat kasten die Helme hoch gechmisen. und dann ist unser Ei nicht zerbrochen. Danach sind wir zurück zur Schule gegangen.

5.6 Weiterführende Literaturhinweise

Eine Einführung in den Arbeitsbereich des Texteschreibens mit einem ausführlichen Überblick über den Forschungsstand bietet Merz-Grötsch (2016). Ballis (2010) präsentiert eine Studie zu den Effekten schriftsprachlicher Förderung bei SuS mit DaZ in der Sekundarstufe.

6 Sprache und Sprachgebrauch untersuchen

„ich hab, (.) als ich das wort gelesen hab, an eine dieb gedacht, der grad eine handtasche stehlt."

Diesen Beitrag leistet Sogal (11 Jahre alt), eine Schülerin mit DaZ und Persisch als L1, die seit drei Jahren in Deutschland lebt und die 4. Klasse einer Grundschule besucht, in einem Rechtschreibgespräch (u. a. Leßmann 2014) mit zwei Klassenkameradinnen, die Deutsch ebenfalls als Zweitsprache erwerben, zu dem schwierigen Wort *Handtaschendiebstahl*. In dieser einen Äußerung wird bereits deutlich, wie umfangreich Sogals sprachliche und sprachreflexive Fähigkeiten nach nur drei Jahren Kontakt zum Deutschen sind. Sie zerlegt das Kompositum in seine Bausteine und erklärt sich so die Semantik des Wortes. Ihr ist außerdem klar, dass es sich um ein Wort handelt, nicht um eine größere Einheit (beispielsweise einen Satz) oder um den Teil eines Wortes. Deutlich werden jedoch auch Sogals sprachliche Schwierigkeiten bei der Deklination in der Nominalgruppe sowie bei der Konjugation von unregelmäßigen Verben. Anders als im traditionellen Grammatikunterricht, der die Bewusstmachung dessen, was SuS implizit wissen (sollten), fokussiert, fordert der Unterricht in mehrsprachigen Klassen dazu auf, auch die sprachlichen Besonderheiten zu thematisieren, die (einige) Lerner(innen) tatsächlich noch nicht beherrschen.

Der Kompetenzbereich *Sprache und Sprachgebrauch untersuchen und reflektieren* umfasst weit mehr als das Analysieren von Wörtern und Sätzen. Neben der strukturbezogenen (grammatischen) Reflexion gilt es, die SuS zu bedeutungsbezogenen (semantischen) Reflexionen anzuregen, Sprache im Gebrauch (Pragmatik) sowie diachrone, philosophische und sprachvergleichende Aspekte zu untersuchen (Budde et al. 2011: 133).

Eine Herausforderung für SuS mit DaZ besteht hierbei darin, dass diese Arbeit zunächst einmal sprachliches Können (*knowing how*) verlangt, über das nicht alle mehrsprachigen Kinder in der L2 verfügen; darüber hinaus wird auch ein bestimmtes Maß an Sprachbewusstheit vorausgesetzt. Mit Sprachbewusstheit ist die Fähigkeit gemeint, sich aus der vordergründigen, inhaltlichen Sichtweise zu lösen und die sprachlichen Erscheinungen zu fokussieren (Andresen / Funke 2006: 439). Der Deutschunterricht ist jedoch auf die (impliziten) sprachlichen und metasprachlichen Fähigkeiten der einsprachigen Kinder ausgerichtet.[17]

17 Für einen Überblick und eine Diskussion der Begriffe s. Krafft 2014.

Über metasprachliche Fähigkeiten können SuS mit DaZ in ihrer / n Erstsprache(n) sowie ihrer L2 Deutsch verfügen, wie zahlreiche Fallbeispiele illustrieren (s. auch Jeuk 2013). Die wenigen systematischen Untersuchungen (s. Kap. 6.2) legen jedoch nahe, dass SuS mit DaZ in ihrer L2 Deutsch nicht per se über die gleichen oder gar bessere metasprachliche Fähigkeiten verfügen als Kinder mit DaE. Auch in diesem Kompetenzbereich ist demnach innerhalb des Unterrichts eine Sensibilität für die Mehrsprachigkeit der Schülerschaft erforderlich. Ganz besonders gilt es hier jedoch, die Potentiale einer mehrsprachigen Klasse herauszustellen. Dieses kann z. B. durch Sprachvergleiche als Zeichen gelebter Mehrsprachigkeit im schulischen Alltag genutzt werden (s. auch Kap. 4.3).

Die SuS werden in allen Gegenstandsfeldern des Sprachunterrichts zum Nachdenken über Sprache und Sprachgebrauch angeregt. „Zugleich jedoch ist die reflexive Beschäftigung mit der eigenen Sprache in einem eigenständigen Gegenstandsfeld angesiedelt, in dem systematisch sprachreflexive Kompetenzen aufgebaut und entwickelt werden.“ (Budde et al. 2011: 137) So geht Ivo z. B. davon aus, dass Schriftspracherwerb und grammatisches Lernen bedeuten, „sich die eigene Sprache […] ein zweites Mal […] anzueignen“ (Ivo 1999: 11). Ein systematischer Aufbau sprachreflexiver Kompetenzen verlangt mit Blick auf die mehrsprachige Klasse jedoch zu berücksichtigen, dass es eben nicht für alle SuS die *erste* Sprache ist, die untersucht und deren Schrift erworben wird, sondern die Zweit- oder Drittsprache. Während Günther (1993) das Lesen- und Schreibenlernen als eine kognitive Neu-Konstruktion sprachlichen Wissens charakterisiert und Feilke et al. (2001: 23) in diesem Zusammenhang von einer neuen Qualität des bereits aufgebauten Sprachwissens sprechen, verlangt die sprachlich heterogene, mehrsprachige Klasse einen weiteren Begriff von Spracherwerb und somit von bereits erworbenem Sprachwissen mit Beginn des Schriftspracherwerbs sowie der im Unterricht angestoßenen Sprachreflexion. Der Zweitspracherwerb und der Zweit*schrift*erwerb erfolgen parallel oder mit geringerer zeitlicher Differenz als bei Schülern mit DaE.

Wenn es Ziel des sprachreflexiven Unterrichts ist, SuS zu einer „kognitiven Orientierung beim Sprachgebrauch“ (Andresen / Funke 2006: 439) zu befähigen und die „Bereitschaft und Fähigkeit zu einer bewussten Hinwendung zur Sprache auszubauen und zu fördern“ (Budde et al. 2011: 138), ist die sprachliche Heterogenität und das mehrsprachige Potential einer Klasse zu berücksichtigen. Bislang ist „eine überdurchschnittliche Sicherheit im normgerechten Sprachgebrauch […] offenbar Voraussetzung für eine erfolgreiche Grammatikarbeit. Sprachliche Unsicherheiten werden hingegen durch die bislang übliche Grammatikarbeit selten behoben" (Steinig / Huneke 2015: 173) und sind auch selten Gegenstand des Unterrichts.

In diesem Kapitel wird deshalb zunächst auf die Notwendigkeit eingegangen, Sprache als System und im Gebrauch zu verstehen, um Sprachreflexion zu fördern. Als besondere Lernvoraussetzung von SuS mit DaZ wird auf das große Potential der Erstsprachen mit Blick auf Sprache(n) als System und im Gebrauch, den Sprachgebrauch mehrsprachiger Menschen im Besonderen und die Herausforderung des parallelen Sprach- und Schriftspracherwerbs in der L2 eingegangen. Darauf folgt die Vorstellung ausgewählter didaktischer Konzeptionen, die den sprachreflexiven Unterricht in mehrsprachigen Klassen prägen (können). Abschließend wird angedacht, wie Fähigkeiten in diesem Kompetenzbereich erhoben und Leistungen auf eine Weise beurteilt werden können, die der sprachlichen Heterogenität der Klasse gerecht wird.

6.1 Fachliche Grundlagen: Sprache(n) als System und im Gebrauch

Die Vorgaben zum Kompetenzbereich Sprachreflexion verdeutlichen, dass es hier nicht nur um die deutsche Sprache geht bzw. gehen muss. Ausdrücklich wird für diesen Bereich des Deutschunterrichts bereits in den Bildungsstandards von 2004 empfohlen, die „Herkunftssprachen" der Schüler(innen) in den Unterricht einzubeziehen und Sprachen (neben den Herkunftssprachen auch die schulischen Fremdsprachen sowie Varietäten, Dialekte und Soziolekte) gezielt miteinander zu vergleichen. Sprachphilosophische und -historische Fragen stellen sich ohnehin unabhängig von den erworbenen Sprachen – so interessieren sich bereits Grundschüler beispielsweise dafür, wer die verschiedenen Sprachen ‚erfunden' hat und ob Steinzeitmenschen auch geredet haben (Neuland 1992: 10).

Im Kompetenzbereich *Sprachreflexion* soll die strukturbezogene Reflexion auf Wort-, Satz- und Textebene erfolgen und somit Morphologie und Syntax sowie Semantik und Pragmatik fokussieren. Die Ausführungen zu Phonologie und Graphematik / Orthographie in den Kapiteln 2 und 4 illustrieren bereits die Möglichkeit des Einbezugs von Sprachvergleichen auch auf der Laut- und Graphemebene. Da Sprachreflexion in der Schule – anders als im außerschulischen Umfeld – nicht (nur) mündlich, sondern (auch) schriftlich erfolgt, liegt auch die Reflexion von Schrift nahe. Sowohl die historische Perspektive auf Schrift(en) als auch Schrift im Sprachenvergleich sind hier von Interesse. Besonders interessant und geeignet für eine vergleichende Analyse sind z. B. die arabische Schrift (s. Kasten) sowie kyrillische Schriften (Russisch, Serbisch, Bulgarisch, usw.).

Die arabische Schrift

Die arabische Schrift wird in verschiedenen Sprachen (z. B. Arabisch, Persisch, Urdu und Dari) verwendet. Sie ist eine verbundene Schrift, die von rechts nach links geschrieben wird (weitere orthographische Besonderheiten s. auch Kap. 4.1). Die filigranen verbundenen Linien und zusätzlichen Verzierungen erinnern „eher an ein Kunstwerk als an eine gewöhnliche Schrift [...]. Diesen Umstand verdanken wir sicherlich indirekt dem Bilderverbot im Islam, wodurch die Ornamentik und insbesondere auch die anspruchsvolle arabische Kalligrafie einen wichtigen Stellenwert erlangten." (Zeldes/Kanbar 2014: 139)

„Einige arabische Wörter gibt es ganz ähnlich in der deutschen Sprache. Erkennst du die Wörter? Schreibe sie auf." (Aufgabenstellung, Riegler et al. 2015)

*Bei den * steht im Arabischen ein kurzer Vokal, der nicht geschrieben wird.* (Zusätzliche Anmerkung aus Riegler et al. 2015:105; dort ist die Abb. allerdings bunt.)
Ausschnitte aus Riegler et al. 2015: 105 „Schriften rund um die Welt".
Ein Vergleich verschiedener Schriftsysteme zeigt den SuS die Besonderheiten unserer Schrift auf und weckt Neugierde, sich mit anderen Systemen auseinanderzusetzen.

Einige Ideen für sprachreflexive Aktivitäten auf verschiedenen linguistischen Ebenen sind in der folgenden Übersicht zusammengefasst.

Pragmatik	„Du" vs. „Sie" und die Markierung in versch. Sprachen Begrüßungen und deren Einsatz im Tagesverlauf (s. S. 132)
Syntax	Satzbau Vergleich: umgangssprachlich, gesprochen: „und dann bin ich in die Luft gesprungen, weil (.) ich hab mich so gefreut" vs. bildungssprachlich, geschriebener Text: „Weil ich mich gefreut habe, bin ich in die Luft gesprungen." Satzbau im Sprachvergleich: Ich *kann* ein Buch *lesen* vs. I *can read* a book (Verbklammer als Spezifik des Deutschen)

Morphologie Beschränkungen bei der Wortbildung: Ärgernis, aber nicht *Freudnis
Suffixe im Sprachenvergleich, z. B. Türkisch vs. Deutsch: dilim (meine Sprache), dilin (deine Sprache), dilimiz (unsere Sprache)

Semantik Verwandtschaftsbezeichnungen im Sprachenvergleich und innerhalb einer Sprache im Sprachgebrauch
Wörter mit gleichem Klang, aber unterschiedlicher Bedeutung in verschiedenen Sprachen

Phonologie und Graphematik Regionaler Unterschied bei der Artikulation von <st> z. B. in [fɛst] vs. [fɛʃt]
<st> am Silbenanfang im Deutschen und Italienischen, geschrieben: <Stiefel> vs. <stivale>, gesprochen: [ʃti:fəl] vs. [stivɑ:le]

In erster Linie wird es in diesem Kompetenzbereich um die Untersuchung der Schul-, Umgebungs- und Landessprache Deutsch gehen. Den Schwerpunkt der Sprachbetrachtung nicht auf die L1, sondern auf die L2 zu legen, ist zwar aufgrund des geringeren impliziten Sprachwissens in der L2 herausfordernd, andererseits aber für die SuS auch interessant und für ihren L2-Erwerb bereichernd. Die Mehrsprachigkeit und Sprachaufmerksamkeit mehrsprachiger SuS als Potential der Untersuchung von Sprache zu nutzen, also die L2 vor dem Hintergrund der L1 in den Blick zu nehmen, ist auch eine Herausforderung für die Lehrkräfte.

6.2 Lernausgangslage und Sprachreflexion

Kinder sind bereits im Kindergartenalter sensibel für andere Sprachen: Sie vergleichen Sprachen miteinander, versuchen sie zu identifizieren, spielen mit Sprache und gehen kreativ mit Sprache(n) um. Veränderungen von Liedern wie „Sankt Martin ritt durch Pommes und Salat" finden ein- und zweisprachige Kindergartenkinder sehr lustig. Immer wieder konnten wir beobachten, wie monolinguale Kinder Eltern und Kindern, die in einer anderen Sprache kommunizierten, fasziniert zuhörten. Der folgende Sprachwitz eines 9-jährigen Jungen aus Togo (Erstsprachen: Ewe und Französisch) zeugt von einer hohen Sprachaufmerksamkeit im phonologisch-semantischen Bereich.

Nebengespräch im Unterricht einer Vorbereitungsklasse:
Anton aus Kasachstan muss während des Unterrichts häufig auf die Toilette. Als er wieder einmal geht, ruft ihm Koffi nach: *„Du sollst Antoilette heißen besser!"* (Oomen-Welke/Kühn 2014: 158)

Im Verlauf des Spracherwerbs erwerben Kinder ohne erkennbaren kognitiven Aufwand Wortschatz und Grammatik ihrer Erstsprache(n). L1-Sprecher(innen) verwenden „die Sprache in kommunikativen Situationen, ohne die konkreten Regeln des Systems zu reflektieren. Oft können sie die Regeln ihrer eigenen Erstprache[n] nicht einmal explizit benennen oder erklären." (Topalović/Michalak 2012: 234) Ähnliches gilt weitgehend für frühe Zweitsprachlerner(innen) wie etwa Ebru. Fremdsprachenlernende, deren Erwerb durch gezielte unterrichtliche Maßnahmen unterstützt und mitgesteuert wird, können hingegen grammatische Phänomene zwar häufig metasprachlich erläutern, jedoch nicht zwingend in der kommunikativen Situation anwenden.

Code-Switching

Mehrsprachige Menschen gehen flexibel mit ihren Sprachen um. Ist ihr Gegenüber in beiden Sprachen kompetent, switchen sie zwischen den Sprachen und zeigen eine frühe Bewusstheit für Sprache und ihre Verwendung (1). Dieses Code-Switching ist eine gezielt eingesetzte Technik, welche sowohl bei mehrsprachigen Kindern als auch Erwachsenen zu beobachten ist (2). SuS wie in (3) verwenden auch in Unterrichtssituationen beide Sprachen im Wechsel kommunikativ sinnvoll und zeigen dabei beeindruckende sprachliche Fähigkeiten: Can verwendet das deutsche Lexem *Tube*, baut es jedoch morphologisch korrekt (durch das Akkusativ-Suffix mit Bindekonsonant (*(y)i*) in seinen türkischen Satz ein (s. hierzu auch Kap. 1.2).

1. Mutter zu ihrer Tochter: *„In the Kita they call it* Frühstück, *don't they?"* Hannah (2;4): „Und du heißt das *Breakfast.*" (aus Tracy 2014: 14)
2. „… dann hat sei Frau zu mir gesagt, *why are you leaving us now?* Da sog i, *because I would like to laugh once in a while*, und dann hats' g'sagt, *well I'm here too an'* ich leb noch, hots' g'moant. Na hab ich g'sagt, *well, gee …*" (Tracy 2014: 27)[18]

18 In dieser Episode berichtet Toni, die zum Zeitpunkt der Aufnahme 82 Jahre alt war und mit 19 Jahren von München nach New York ausgewandert ist, von einer Unterhaltung, die vor mehr als 60 Jahren auf Deutsch zwischen ihr und der Ehefrau ihres ersten Arbeitgebers in den USA stattfand, nachdem Toni gekündigt hatte.

3. Simay: „Maaan, hast du keins? *Hep benim kini kullanıyon.*“ (Du benutzt immer meins.) Can: „Tube*'yi açamiyom.*“ (Ich kann die Tube nicht öffnen.) (Gesprächsausschnitt aus dem Kunstunterricht zwischen zwei Schülern mit Türkisch als L1; aus Kalkavan-Aydın 2015: 50)

Auch wenn mehrsprachige Sprecher(innen) sich in der Regel auf eine Sprache beschränken, wenn ihr Gegenüber nur eine Sprache spricht / versteht, verhalten sie sich dennoch nicht wie „doppelt einsprachige“ (Wiese et al. 2010). Ihre Sprachen können für unterschiedliche Domänen spezialisiert sein, so entwickeln sie beispielsweise Fähigkeiten in einer Sprache stärker im familiären Bereich und in der anderen Sprache intensiver im schulischen oder beruflichen Kontext. Der Begriff der „Halbsprachigkeit“ (Hansegård 1968) ist für diese logische Entwicklung individueller Sprach(en)fähigkeiten weder hilfreich noch zutreffend: Es gibt weder eine Voll- noch eine Halbsprachigkeit.

Metasprachliche Fähigkeiten von Zweitsprachlernern

Die Fähigkeit, Sprache distanziert zu betrachten (Bredel 2013: 38 ff.), ist für diesen Kompetenzbereich essentiell. Dabei wird häufig angenommen, dass mehrsprachige Kinder in dieser Hinsicht monolingualen Gleichaltrigen überlegen seien – diese Annahmen beruhen allerdings größtenteils auf Studien, die mit simultan bilingualen Kindern mit zwei Erstsprachen durchgeführt wurden (Übersicht z. B. Tracy / Gawlitzek-Maiwald 2000). Aktuelle Studien zur Entwicklung metasprachlicher Fähigkeiten bei Kindern mit Deutsch als früher L2 ergeben ein differenzierteres (und uneinheitliches) Bild. Eine Untersuchung zur Entwicklung metasprachlicher Fähigkeiten bei Kindern mit Deutsch als früher L2 im Grundschulalter, bei der in Anlehnung an Bialystok (1986) zwischen den Komponenten *analysis* (analysiertes sprachliches Wissen) und *control* (Kontrolle der sprachlichen Verarbeitung) unterschieden wurde, lässt einen genaueren Blick auf die Lernvoraussetzungen mehrsprachiger Kinder zu (Krafft 2014: 130 ff.):

- Kinder mit DaE verfügen über ein umfangreicheres analysiertes sprachliches Wissen als Kinder mit frühem Zweitspracherwerb. Dieser Unterschied besteht bereits in der ersten Klasse, fällt jedoch bei Kindern am Ende der Grundschulzeit sogar noch deutlicher aus.
- Kinder mit DaZ haben zu Beginn der Grundschulzeit Vorteile, was die Kontrolle der sprachlichen Verarbeitung angeht. Allerdings ist dieser Vor-

sprung am Ende der 4. Klasse nicht mehr nachweisbar, teilweise erzielen sogar die einsprachigen Kinder signifikant bessere Ergebnisse (s. hierzu auch Kap. 6.1, u. a. Feilke et al. 2001).

Dagegen konnten Akbulut et al. (2017: 72) bei mehrsprachigen Kindern am Ende der Grundschulzeit bessere metasprachliche Leistungen im Bereich *analysis* nachweisen, was zunächst überrascht, aber evtl. durch die von den Vorgängeruntersuchungen abweichende Erhebungsmethode zu erklären ist. Auch Bien-Miller et al. (2017: 208 f.) identifizieren Mehrsprachigkeit als einen von mehreren Faktoren, die die Entwicklung metasprachlicher Fähigkeiten begünstigen können – allerdings scheint dafür unter anderem eine ausgeprägte Sprachkompetenz in der L2 Voraussetzung zu sein.

Eine pauschale Annahme besonders ausgeprägter metasprachlicher Fähigkeiten bei allen mehrsprachigen SuS ist vor diesem Hintergrund nicht vertretbar. Vielmehr muss auf die Faktoren, die die Entwicklung metasprachlicher Fähigkeiten bei L2-Lernern begünstigen (u. a. Schriftspracherwerb in der L1, Verzahnung von L1- und L2-Erwerb, Förderung sprachlicher Fähigkeiten in der L2), Wert gelegt werden (Bien-Miller et al. 2017: 208, Krafft 2014: 147). Sinnvoll erscheint zur Unterstützung einer bewussten und distanzierten Sprachwahrnehmung auch die Einbeziehung der Erstsprachen der SuS in den Unterricht ebenso wie die Berücksichtigung von Varietäten und Dialekten. Code-Switching-Strategien sollten gewürdigt und nach Möglichkeit als Anlass zur Analyse genutzt werden. Gleichzeitig muss der Deutschunterricht die Aufgabe ernstnehmen, im Kontext der Sprachreflexion ganz gezielt auch den Aufbau analysierten sprachlichen Wissens zu unterstützen. Dabei ist neben einem allgemeinen Fokus auf formal korrekten Sprachgebrauch insbesondere die Bildungssprache als Standardvarietät der Schule in den Blick zu nehmen.

6.3 Sprache untersuchen: Konzeptionen und Methoden für mehrsprachige Lerngruppen

Der hier besprochene Lernbereich hat schon begrifflich einige Änderungen durchlaufen: Heute als *Sprache und Sprachgebrauch untersuchen und reflektieren* bezeichnet, wurde noch bis weit ins 20. Jahrhundert hinein lediglich von Grammatikunterricht gesprochen, der eine formale und stark von der Lehrkraft gelenkte Vermittlung eines kanonisierten Bestandes an grammatischem Wissen beinhaltete, die sich am lateinischen Fremdsprachenunterricht orientierte. Den

Wandel vom Grammatikunterricht zum Unterricht, in dem Sprache als Reflexionsgegenstand verstanden wird, beschreibt u. a. Ossner (2014). Dieser Wandel hat sich jedoch nicht in gleicher Weise in deutschdidaktischer Konzeption und Forschung sowie in der unterrichtlichen Wirklichkeit vollzogen. Während in der Deutschdidaktik die Arbeit an grammatischen Fragen nur ein Baustein des sprachreflexiven Gegenstandsfeldes ist, sind traditionelle Konzepte im Schulalltag noch nicht überwunden (Kleinbub 2012). Die Breite des Arbeitsbereichs fächern Budde et al. (2011: 133) in einer Übersicht auf (Abb. 11), die wir um die Sprachförderung als Hintergrundfolie sowie die Laut- und Graphemebene ergänzt haben.

Sprachförderung

Sprachförderung

Sprache als System reflektieren		**Sprache im Gebrauch reflektieren**
Strukturbezogene *(grammatische)* Reflexionen	Bedeutungsbezogene *(semantische)* Reflexionen	Handlungsbezogene *(pragmatische)* Reflexionen
auf Wortebene auf Satzebene auf Textebene	Bedeutungsbeziehungen zwischen sprachlichen Ausdrücken Mehrdeutigkeit, idiomatische Wendungen u. a. m.	Sprachgebrauch in Rede und Gespräch Sprachgebrauch in Texten
Sprache und Sprachgebrauch unter weiteren Gesichtspunkten reflektieren (z. B. historisch-diachrone, varietätenbezogene, philosophische, sprachenvergleichende Reflexionen)		

Sprachförderung

Sprachförderung

Abb. 11: Teilfelder schulischer Sprachreflexion und -förderung (in Anlehnung an Budde et al. 2011: 133)

Die Entwicklung von sprachlichem Wissen und Sprachbewusstsein hat in mehrsprachigen Lerngruppen gerade mit Blick auf sprachenvergleichende Reflexionen ein großes Potential. Außerdem bietet dieser Arbeitsbereich die Chance, die sprachlichen Schwierigkeiten, die SuS mit DaZ auf grammatischer, semantischer und / oder pragmatischer Ebene in der L2 haben, im gemeinsamen Deutschunterricht zur Sprache zu bringen und gemeinsam zu untersuchen: Für

SuS mit DaE im Sinne einer Entdeckung von Spezifika ihrer L1, die sie zwar implizit erworben haben, jedoch nicht (zwingend) explizieren können, für SuS mit DaZ als Erkundung von Schwierigkeiten in der Zweitsprache und reflektierte Auseinandersetzung damit. Mit Blick auf den gemeinsamen Unterricht in einer mehrsprachigen Klasse verdeutlicht Belke die Herausforderung, die sich der Lehrkraft stellt, mittels zweier Fragen:

1. Wie integriert man den für Schüler mit DaZ erforderlichen *systematischen Zweitsprachunterricht* zur Vermittlung und Übung sprachlicher Strukturen in den *muttersprachlichen* Deutschunterricht, ohne dass die deutschen Schüler, die die zu vermittelnden sprachlichen Strukturen schon beherrschen, sich langweilen?
2. Wie müssen die allen Kindern angebotenen sprachlichen Äußerungen, Texte, Handlungen beschaffen sein, damit Einwandererkinder die Zweitsprache Deutsch erwerben? Anders ausgedrückt: Unter welchen Bedingungen wird *input* [...] zum *intake* [...]? (Belke 2006: 843, Hervorh. im Original)

Bei der Beantwortung dieser Fragen stützt sich die Zweitsprachdidaktik sowohl auf Konzeptionen und Erkenntnisse der Fremdsprachen- als auch der muttersprachlichen Deutschdidaktik. In der Fremdsprachendidaktik werden kognitive und kommunikative Ansätze unterschieden, die leitend für einen form- oder bedeutungsbezogenen Sprachunterricht sind. Inzwischen haben sich drei Konzepte herauskristallisiert, die das Spektrum erweitern und Konturen weicher zeichnen: *Focus on Form, Focus on FormS* und *Focus on Meaning*. Neben dem kognitiv zu verortenden formbezogenen *Focus on FormS*, das einem systematischen, traditionellen Grammatikunterricht entspricht, und dem kommunikativ zu verortenden bedeutungsbezogenen *Focus on Meaning*, das sich gegen einen systematischen Grammatikunterricht stellt, vertritt Long (1997) das *Focus on Form*-Konzept, welches zwar Sprachstrukturen betrachtet, jedoch „eingebettet in einen primär bedeutungsbezogenen Unterricht" (Rösch 2011: 73) und verbunden mit kommunikativen Anlässen zur Anwendung dieser Strukturen sowie analytischen Aufgaben – ein Ansatz, der zumindest teilweise einem situationsorientierten Grammatikunterricht (Hochstadt et al. 2015) entspricht. Diese Unterscheidung ist mit Blick auf eine Sprachdidaktik für mehrsprachige Klassen hilfreich, zeigen doch erste Evaluationsstudien, dass weder das eine (*Focus on FormS*) noch das andere (*Focus on Meaning*) Extrem förderlich ist, sondern der kombinierte *Focus on Form*-Ansatz (Rösch 2011, Bryant / Rummel 2015).

Im Folgenden stellen wir – zunächst für den Bereich der Wortschatzarbeit, dann für den Grammatikunterricht im herkömmlichen Sinne – Konzeptionen und konkrete Methoden vor, die wir mit Blick auf mehrsprachige Klassen ausgewählt haben (weiterführend s. Gornik 2014).

Wortschatzarbeit

Die traditionelle Wortschatzarbeit, der vor allem dienende Funktion für andere Arbeitsbereiche (z. B. das Texteschreiben) zugewiesen wird, ist aufgrund ihrer unsystematischen Vorgehensweise wenig nachhaltig (Ulrich 2011). Die Folgen werden u. a. in den Ergebnissen des DESI-Wortschatztests deutlich, wo mehr als 60 % der SuS maximal über im Alltag hochfrequente Basiswörter, aber weder über seltenere Konkreta / Abstrakta noch über Fachbegriffe verfügten (Willenberg 2007). In besonderem Maße treten diese Wortschatzlücken bei Kindern und Jugendlichen mit DaZ auf – eine durchdachte Wortschatzarbeit, die deren Bedürfnissen ebenso wie denen von Erstsprachlernern mit unzureichendem sprachlichem Input gerecht wird, tut also not.

In den letzten Jahren wurden aus diesem Grund lexikon- und textorientierte Verfahren, teils beeinflusst durch Erfahrungen aus dem DaF-Unterricht, entwickelt. Die lexikonorientierte Wortschatzarbeit (u. a. Ulrich 2010) setzt auf eine systematische Erarbeitung der Bedeutung von Lexemen in ihren Beziehungen zu vergleichbaren Wörtern (z. B. Synonyme, Ober- und Unterbegriffe, Gegensätze) und zu ihrer Umgebung (z. B. Kollokationen). Als übergeordnete Zielsetzung gilt dabei nicht nur das Gewinnen von Einsichten über Wortbedeutungen (Haupt- und Nebenbedeutungen, Durchschauen von semantischen ‚Netzen'), sondern vor allem die Weiterentwicklung mündlicher und schriftsprachlicher kommunikativer Fähigkeiten (Erweiterung des rezeptiven und produktiven Wortschatzes, Abrufen des je nach Kontext und Textsorte passenden Lexems aus dem mentalen Lexikon). Merten (2011) entwickelt diesen Ansatz speziell für mehrsprachige Klassen weiter und präsentiert Unterrichtsvorschläge, in deren Mittelpunkt u. a. die Arbeit mit Wortfeldern steht.

Demgegenüber legt die textorientierte Wortschatzarbeit (z. B. Kühn 2010) einen stärkeren Fokus auf die Verwendung der thematisierten Wörter in Texten. Eine sinnvolle Grundstruktur für den Unterricht bietet dabei der wortschatzdidaktische Dreischritt (ebd.: 67): *Semantisierung* (Entdeckung und Erschließung des Wortschatzes aus dem Text heraus) – *Vernetzung* (Sammeln und Ordnen ausgewählter Wörter in Netzwerkmodellen) – *Reaktivierung* (adressatenorientierter und kontextuell angemessener Gebrauch in mündlichen und schriftlichen Texten). Es ist davon auszugehen, dass von dieser Vorgehensweise auch SuS mit DaZ profitieren können – allerdings fehlt der text- ebenso wie der lexikonorientierten Wortschatzarbeit bisher eine gezielte Evaluierung gerade für diese Zielgruppe.

Eine Alternative, die nicht nur in der fokussierten Zielgruppe (SuS mit wenig hochwertigem sprachlichem Input, unabhängig vom sprachlichem Hintergrund), sondern auch im bearbeiteten Wortmaterial eigene Schwerpunkte setzt, liegt mit dem sogenannten robusten Wortschatztraining (RoW) vor. Dabei geht es um Wörter und Mehrworteinheiten, die einerseits für konzeptionell schriftliche und bildungssprachliche Kontexte typisch sind, andererseits domänenunspezifisch, also nicht auf bestimmte Fachgebiete beschränkt. Diese eher unauffälligen und in anderen wortschatzdidaktischen Ansätzen kaum berücksichtigten Einheiten (z. B. spenden, zunehmend, an Bedeutung gewinnen, sich auf etwas / jemanden auswirken …) werden in kurzen Einheiten von jeweils ca. 10 Minuten über mehrere Wochen hinweg regelmäßig aufgegriffen und in festen, teilweise fast schon ritualisierten Arbeitsschritten eingeübt (Kurtz 2012: 89; s. auch Koppenhöfer / Krafft 2019):

1. Dem Zielwort im Zusammenhang begegnen: Textarbeit
2. Das Zielwort aussprechen und verankern: Rufübung
3. Mit dem Zielwort spielen, arbeiten, reflektieren (auffinden, sammeln, ordnen, Beispiele finden, über Fragen nachdenken)
4. Abstraktion, Ausweitung, kontextfernes Abrufen (Assoziationsübungen, Satzanfänge vervollständigen, Definitionen formulieren)

Beispiel: Einführung des Zielworts *spenden*[19]
An der Tafel steht *spenden*.
L: Ich sage euch einen Satz und ihr ruft *spenden*, wenn in diesem Satz etwas gespendet wird. Wenn nicht, dann schweigt ihr.
Familie Maier gibt ihre gebrauchte Kleidung an eine Kleidersammlung ab. – SuS: *spenden*
Julian geht zum Einkaufen in den Supermarkt. – SuS: –
Ivo lässt sich Blut abnehmen, um anderen Menschen zu helfen. – SuS: *spenden*
Die Bäume werfen Schatten. – SuS: *spenden*
Meryem zieht ihre Gummistiefel an. – SuS: –

Die Wirksamkeit des robusten Wortschatztrainings wurde in Studien im englischsprachigen Raum belegt (z.B. Beck et al. 2008). Alleinstellungsmerkmal dieser Konzeption ist neben der intensiven und langfristigen Arbeit an wenigen, ganz gezielt ausgewählten Lexemen insbesondere der ausgewählte Wortschatz, der sich durch seinen bildungssprachlichen Charakter und seine Vielseitigkeit auszeichnet.

Mimesis – Sprachunterricht an den sprachlichen Fähigkeiten der SuS orientiert

Unsere Grammatik, wie sie in schulischen Kontexten meist verstanden wird, ist der Sprachverwendung nicht vor-, sondern nachgeschaltet. Wir sagen oder schreiben nicht, was uns die Grammatik vorgibt, sondern die Grammatik beschreibt, was wir sagen oder schreiben.

> Einer der vielleicht schwerwiegendsten Irrtümer der Sprachdidaktik […] besteht darin, dass dieses Verhältnis auf den Kopf gestellt wird und Schüler/innen über Merksätze *(knowing that)* zum regelgerechten Sprechen oder Schreiben *(knowing how)* angeleitet werden sollen. (Bredel 2013: 98, Hervorh. im Original)

Der viel kritisierte, in der Praxis jedoch nach wie vor erstaunlich präsente *traditionelle Grammatikunterricht* (vgl. Hochstadt et al. 2015: 230 ff.) ist aufgrund seiner ineffektiven, weil völlig lehrerzentrierten und deduktiven Arbeitsweise und aufgrund seiner rein formalen Orientierung ohne Bezug zur Sprachverwendung der SuS für mehrsprachige Klassen kein sinnvolles Konzept. Problematisch ist

19 Das Beispiel wurde der Examensarbeit von Annika Koppenhöfer entnommen, wir danken herzlich für die Abdruckerlaubnis.

allerdings, dass auch die in den letzten Jahrzehnten entwickelten Alternativen (z. B. der integrative GU, der funktionale GU oder die Grammatik-Werkstatt), die zumindest teilweise Eingang in Lehrwerke und Klassenzimmer gefunden haben, die Lernvoraussetzungen von Lernern mit DaZ ebenfalls konsequent ignorieren. Nach wie vor wird zumeist unhinterfragt davon ausgegangen, dass die der Sprachreflexion zugrundeliegenden sprachlichen Fähigkeiten bei den SuS vorhanden seien.

Vor diesem Hintergrund modelliert Hochstadt (2015) insbesondere für SuS mit DaZ einen *mimetischen Grammatikunterricht*, der auf den Prinzipien der Wiederholung, Kontextualisierung, Reziprozität und ästhetisch-aisthetischen Handelns beruht. Sie knüpft damit u. a. an das generative Schreiben (Belke 2008, s. Kap. 5.3) an, bezieht aber auch die mediale Mündlichkeit ein und weitet diese Methode als ein unterrichtsleitendes Konzept aus. „Mimetischer Grammatikunterricht versteht grammatisches Lernen nicht als reinen Lern-, sondern ebenso als Erwerbsprozess" (Hochstadt 2015: 136). Hochstadt plädiert dafür, vorschulische Erfahrungen einiger SuS mit konzeptioneller Schriftlichkeit aufgrund ihres positiven Effekts für den Erwerb schriftsprachlicher und schriftsprachgrammatischer Strukturen in schulischen Lernkontexten zu nutzen, damit sich Erwerbs- und Lernprozesse aller SuS optimal ergänzen können.

Hochstadt arbeitet mimetisches Lernen am Beispiel der Kasusmorphologie aus. Ziel einer Didaktik der Kasusmorphologie ist, „syntaktische Strukturkennzeichnung (Funke 2000: 59) beim Schreiben durch prozessuale Musteraktivierung zu sichern." (Hochstadt 2015: 163) Das bedeutet, unbedingt den expliziten Zugang zum Kasus um einen impliziten zu ergänzen. Dieses Muster wird z. B. in dem Lied „Hokuspokus Widibum" (Frieg et al. 2014) ersichtlich, das zur systematischen Sprachvermittlung geschrieben wurde.

„Im Kreis da steht ein Zauberer, der zaubert wie der Wind. Er hat bei sich *das* Zaubertuch, da staunt ein jedes Kind. Er zaubert mit *dem* Zaubertuch. Das geht ja so geschwind! [...]
Im Kreis da steht eine Zauberin, die zaubert wie der Wind. Sie hat bei sich *den* Zauberstab, da staunt ein jedes Kind. Sie zaubert mit *dem* Zauberstab. [...]
Im Kreis da steht ein Zauberer, der zaubert wie der Wind. Er hat bei sich *die* Zauberuhr, da staunt ein jedes Kind. Er zaubert mit *der* Zauberuhr. [...]" (Frieg et al. 2014: 6 f.) (Hervorhebung B. G. und A. K.)

Sprachenvergleiche

In Sprachenvergleichen kann nicht nur das „Fremde vertrauter, sondern auch das ‚Eigene' ein Stück weit ‚fremd', d.h. zum *Gegen*stand werden" (Bremerich-Vos 1999: 27, Hervorh. im Original). Der kontrastive Sprachunterricht ist Teil der Deutsch-, DaZ- und DaF-Didaktik und entfaltet mit Blick auf den gemeinsamen Unterricht in mehrsprachigen Klassen sein ganzes Potential, wobei empirische Belege für die Wirksamkeit bislang fehlen. Das Erleben und Reflektieren von Mehr- und Vielsprachigkeit ist dennoch unseres Erachtens ein lohnendes Ziel für *alle* SuS und nicht auf SuS mit DaZ beschränkt (Oomen-Welke 2014: 480). Der Sprachenvergleich ist ein methodischer Zugang, der auf der Forschung zur Language Awareness (Luchtenberg 2014) fußt.

Analysen sprachenvergleichender Aufgaben von Deutschlehrwerken für vier Lehrwerksreihen der Primar- und Sekundarstufe (Marx 2014) ebenso wie für fünf Lehrwerksreihen der Primarstufe (Geist 2018a) zeigen, dass das Potential im Sinne einer *Didaktik der Sprachenvielfalt* (Oomen-Welke 2014: 479) in quantitativer und qualitativer Hinsicht bei Weitem noch nicht ausgeschöpft wird.

Ein Mangel an geeigneten Materialien kann dafür nicht (mehr) verantwortlich gemacht werden: Basil Schader legte bereits 2000 mit einem *Handbuch für den Unterricht in mehrsprachigen Klassen* zahlreiche Unterrichtsvorschläge für einen vielsprachigen Deutschunterricht vor (zweite Auflage 2012); in Fachzeitschriften (z.B. Magdeburg/Peyer 2016, Geist 2017c), in ergänzenden Materialien wie z.B. Riegler et al. (2015) oder Topalović Uhl (2018) sowie in den Arbeiten von Oomen-Welke (1999 und weitere) wurden Unterrichtsmodelle veröffentlicht, und Lehrwerke wie *der die das* (Cornelsen) richten sich gezielt an mehrsprachige Grundschulklassen. Exemplarisch zeigen wir in den Aufgaben am Ende dieses Kapitels, wie sprachenvergleichende Aufgaben gestaltet sein können, die Sprache als System (Bsp. Plural) und Sprache im Gebrauch (Bsp. Grußformeln) fokussieren. Wichtig ist es uns, alle SuS anzuregen, sich durch die Auseinandersetzung mit weiteren Sprachen bereichern zu lassen. SuS mit DaZ können hier in der Reflexion von ‚Stolpersteinen' der deutschen Sprache unterstützt werden, gleichzeitig werden alle SuS mit Erstsprachen von SuS mit DaZ in Berührung gebracht.

Derartige sprachenvergleichende Aufgaben dürfen nicht isoliert stehen, sondern sind in mehrsprachige Unterrichtspraktiken eingebettet, die an verschiedenen Stellen in diesem Buch thematisiert wurden. Für Lehrkräfte, die

Klasse, die Schule und das gesamte Bildungssystem stellt die Entwicklung einer mehrsprachigen Haltung eine große Herausforderung dar, die im Sinne einer fächerübergreifenden Mehrsprachigkeitsdidaktik zu begleiten ist. Das bedeutet auch, sich mit der Macht von Sprache als „Differenzmerkmal" (Dirim 2016: 195) auseinanderzusetzen, um tatsächlich gemeinsam zu lernen.

6.4 Diagnose: Sprachreflexive Fähigkeiten erheben und beurteilen

Die Herausforderung, dem Arbeitsbereich *Sprache und Sprachgebrauch untersuchen und reflektieren* nicht nur im Unterricht, sondern auch in der Diagnostik und Leistungsmessung gerecht zu werden, ist groß (Peyer 2013). Im Unterschied zu der Erfassung von individuellen Fähigkeiten auf morphologischer und syntaktischer Ebene, wie sie in Kap. 2.4 dargestellt wurde, ist Gegenstand dieses Unterkapitels die Erhebung von im schulischen Kontext – dem sprachreflexiven Deutschunterricht – vermitteltem Wissen über Sprache sowie von Sprachbewusstheit und der Fähigkeit, über Sprache und Sprachgebrauch nachzudenken (Peyer 2013: 167). Ausgehend von einer Analyse der Normierungsstudie zur Evaluation der Bildungsstandards (Bremerich-Vos / Böhme 2010) kommt Peyer zu folgendem Schluss:

> Damit stehen wir vor einem Dilemma: Was in den Standards vorgegeben ist, lässt sich nicht umfassend testen – aber was sich gut testen lässt, entspricht nicht (mehr) dem aktuellen Konzept von Unterricht im Bereich „Sprache und Sprachgebrauch untersuchen". (Peyer 2013: 171)[20]

Außerdem führt sie anhand eines Beispiels aus den Bildungsstandards für die Hauptschule aus, dass dem *Scaffolding* (s. Kap. 2.3), mit dem insbesondere schwächere SuS ihr Repertoire erst Schritt für Schritt ausbauen, bevor sie Einheiten auch benennen, durch die Formulierung „Sprachliche Mittel zur Sicherung des Textzusammenhanges kennen und anwenden" (Peyer 2013: 175) Bedeutung beigemessen wird. Es gilt demnach, z. B. Beziehungswörter wie Pronomen zu kennen und zu nutzen, bevor die SuS Fachbegriffe dafür erlernen.

20 Auch Kühn (2014) rechnet mit den in den Bildungsstandards und Schulleistungstests verwendeten Aufgaben ab und fordert, „Parameter, die den Schwierigkeitsgrad von Aufgaben bestimmen" (Kühn 2014: 492), zu berücksichtigen.

In der Beurteilung mündlicher Fähigkeiten gilt es zunächst, als Lehrkraft aufmerksam für Äußerungen und Wortbeiträge der SuS zu sein. Für SuS mit DaZ stellt der Wortschatzerwerb in der Zweitsprache und somit auch die treffende Wortwahl (Oomen-Welke / Kühn 2014: 151) bereits eine enorme Herausforderung dar. Hier kann das Ziel einer Erfassung sein, bei einem inhaltlichen Thema, das differenziert bearbeitet wurde und das mittels Scaffolding gefördert wurde, in einer Nacherzählung z. B. für eine(n) Mitschüler(in) auf eine präzise Wortwahl zu achten und die SuS zu einer Reflexion ihrer Wortwahl anzuregen.

Anhand von Leitfragen zeigen Oomen-Welke und Kühn (2014), wie ein sprachreflexives Klassen- oder Gruppengespräch ausgehend von einem Textausschnitt aus Preußlers „Der Räuber Hotzenplotz" gestaltet sein kann.

[…] Kasperl: „Ich soll erstens sechs Eimer Kartoffeln zersägen, spalten und aufstapeln, zweitens drei Klafter Holz schrubben, drittens den Fußboden in der Küche schälen und kleinschnippeln …" „Halt ein!", rief der große Zauberer Zwackelmann. „Aufhören mit dem Quatsch, auf der Stelle aufhören!" […]

Nachdem sich die SuS schriftlich mit den Tätigkeiten, die der Zauberer eigentlich von Kasperl verlangt, auseinandergesetzt haben, leitet die Lehrkraft ein Klassengespräch ein:

Warum sagt der Zauberer: „Aufhören mit dem Quatsch?" Warum redet Kasper Quatsch? Habt ihr Ideen, wie Kasper beim Zauberer Zwackelmann noch mehr Unsinn reden könnte? (Oomen-Welke/Kühn 2014: 161 f.)

Aktuelle Testverfahren werden der Integration von Sprachbewusstheit, Sprachanalyse und Sprachgebrauch meist nicht gerecht (Peyer 2013: 179). Eine exemplarische Aufgabe zu einem speziellen sprachlichen Phänomen (Sprichwörter und Redensarten), die diesen Spagat leistet, findet sich z. B. in Magdeburg / Peyer (2016) (s. auch die Aufgaben in Kap 4.5).

6.5 Aufgaben

1. Plural in verschiedenen Sprachen: Entdecken und vergleichen Sie anhand der Tabelle die Pluralbildung im Deutschen, Türkischen und Spanischen.
   a. Welche Pluralendungen gibt es im Deutschen?

b. Welche weiteren Markierungen werden in deutschen Pluralformen verwendet?
c. Welche Pluralendungen gibt es im Türkischen und im Spanischen?
d. Woran erkennt man im Türkischen und im Spanischen, welche Pluralendung zu verwenden ist?
e. Was fällt Ihnen noch an den Wörtern auf? In welchen Sprachen gibt es z. B. Artikel, und wie viele verschiedene erkennen Sie?

Deutsch		Türkisch		Spanisch		☺	
die Blume	die Blumen	çiçek	çiçekler	**la** flor	las flores		
der Zaun	die Zäune	çit	çitler	**la** alambrada	las alambradas		
das Pferd	die Pferde	at	atlar	*el* caballo	los caballos		
das Kind	die Kinder	çocuk	çocuklar	el niño / **la** niña	los niños / las niñas		
der Igel	die Igel	kirpi	kirpiler	*el* erizo	los erizos		
das Sofa	die Sofas	kanepe	kanepeler	*el* sofá	los sofás		

Tab. 3: Sprachenvergleich Plural (s. hierzu auch Topalović/Michalak 2012: 243)[21]

21 Für SuS mit DaZ könnte es sinnvoll sein, anhand weiterer Beispielwörter zu erarbeiten, dass lediglich Wörter mit -au- sowie -a-, -o- und -u- im Stamm durch Umlautung verändert werden, jedoch (a) nicht konsequent und (b) in Verbindung mit unterschiedlichen Endungen. Umlaute treten regelmäßig bei der Endung -er sowie bei Feminina mit -e auf, bei weiteren Wörtern mit -e sowie bei endungslosen Pluralformen inkonsequent:
das Buch – die Bücher, die Hand – die Hände
der Wolf – die Wölfe, ABER: der Hund – die Hunde
der Garten – die Gärten, ABER: der Kuchen – die Kuchen
Bei anderen Pluralendungen treten keine Umlaute auf.

2. Sprachverwendung im Gebrauch: Vergleich der Grußformeln: Zu welchen Irritationen könnte es kommen, wenn man die Grußformeln lediglich übersetzt?

<table>
<tr><th>Deutsch</th><th>Übliche Verwendung, Tageszeiten</th><th>Spanisch</th><th>Übliche Verwendung, Tageszeiten</th></tr>
<tr><td>„Guten Morgen"</td><td>Ab dem Aufstehen und bis zur Frühstückspause in Schule und Beruf (ca. 9–10h), ggf. auch kürzer</td><td rowspan="2">„Buenos días" (wörtliche Übersetzung: Guten Tag)</td><td rowspan="2">Ab dem Aufstehen und ungefähr bis zum Mittagsessen (ca. 13–15h)</td></tr>
<tr><td rowspan="2">„Guten Tag"</td><td rowspan="2">Ab Tagesanbruch (ca. 9–10h) bis zum Abend(essen) (ca. 17–19h)</td></tr>
<tr><td>„Buenas tardes" (wörtliche Übersetzung: Guten Nachmittag)</td><td>Nach dem Mittagessen</td></tr>
<tr><td>„Guten Abend"</td><td>Ab/nach dem Abendessen bzw. ab der Dunkelheit</td><td rowspan="2">„Buenas noches" (wörtliche Übersetzung: Gute Nacht)</td><td rowspan="2">Ab/nach dem Abendessen bzw. ab der Dunkelheit und um einen angenehmen Schlaf zu wünschen</td></tr>
<tr><td>„Gute Nacht"</td><td>Abschied in der Nacht und um einen angenehmen Schlaf zu wünschen</td></tr>
</table>

Tab. 4: Grußformeln und deren Gebrauch im Sprachenvergleich

3. Wortbedeutung: In dem Roman „Rico, Oskar und die Tieferschatten" erarbeitet sich Rico die Bedeutung von Wörtern, u. a. indem er die Wortbedeutung nachschlägt und dann eigene Lexikoneinträge schreibt, wie den Folgenden:

Arrogant: *Wenn man auf jemanden herabsieht. So schlau kann Oskar also gar nicht sein, schließlich ist er viel kleiner als ich und musste ständig zu mir raufgucken. (Steinhöfel 2008)*

a. Schlagen Sie die Bedeutung des Wortes selbst nach. Wie hilfreich sind die genannten Umschreibungen, Synonyme und Antonyme, um die Bedeutung des Wortes zu verstehen?
b. Welches Missverständnis hat sich in diesem Beispiel für Rico aus der Erläuterung „wenn man auf jemanden herabsieht" ergeben?

6.6 Weiterführende Literaturhinweise

Den aktuellen Stand der deutschdidaktischen Diskussion zum Arbeitsbereich *Sprache untersuchen* fasst Gornik (2014) zusammen, einen Fokus auf die Untersuchung von Sätzen legt Peyer (2011). Praktische Vorschläge, die das Potential des mehrsprachigen Klassenzimmers nutzen und z. B. fachdidaktisch aufbereitete Anlässe zum Sprachvergleich bieten, finden sich u. a. in Riegler et al. (2015) sowie in Schader (2012).

Literaturverzeichnis

Ahrenholz, B., Maak, D. (2013). *Zur Situation von SchülerInnen nicht-deutscher Herkunftssprache in Thüringen unter besonderer Berücksichtigung von Seiteneinsteigern.* https://www.deutsche-digitale-bibliothek.de/binary/RELGUJX3HZDGDRZKKFWZI2OULBHMMONH/full/1.pdf (16. 2. 2017).

Akbulut, M., Bien-Miller, L., Wildemann, A. (2017). Mehrsprachigkeit als Ressource für Sprachbewusstheit. *Zeitschrift für Grundschulforschung*, 2, 61-74.

Andresen, H., Funke, R. ([2]2006). Entwicklung sprachlichen Wissens und sprachlicher Bewusstheit. In: U. Bredel et al. (Hrsg.), *Didaktik der deutschen Sprache.* Bd. 1 (438–451). Paderborn: Schöningh.

August, D., Shanahan, T. (2006). *Developing literacy in second-language learners: Report of the National Literacy Panel on Language-Minority Children and Youth.* NJ: Erlbaum.

Autorengruppe Bildungsberichterstattung (Hrsg.). *Bildung in Deutschland 2016. Ein indikatorengestützter Bericht mit einer Analyse zu Bildung und Migration.* Bielefeld: Bertelsmann. https://www.bildungsbericht.de/de/bildungsberichte-seit-2006/bildungsbericht-2016/pdf-bildungsbericht-2016/bildungsbericht-2016 (5.8.2019).

Bachmann, T., Becker-Mrotzek, M. (2017). Schreibkompetenz und Textproduktion modellieren. In: M. Becker-Mrotzek, J. Grabobski, T. Steinhoff (Hrsg.), *Forschungshandbuch empirische Schreibdidaktik* (25–53). Münster: Waxmann.

Ballis, A. (2010). *Schriftsprachliche Förderung von Jugendlichen mit Migrationshintergrund, eine Studie über Schüler(innen) der Sekundarstufe I unter besonderer Berücksichtigung der Jahrgangsstufen 5 bis 7.* Baltmannsweiler: Schneider.

Ballis, A. (2014). Puschkin oder Podolski? Schreiben in der Zweitsprache. In: B. Ahrenholz, P. Grommes (Hrsg.), *Zweitspracherwerb im Jugendalter* (211-230). Berlin: De Gruyter.

Bangel, M., Müller, A., Knigge, M. (2015a). Zur Entwicklung morphologischer Bewusstheit und basaler Lesefähigkeiten durch strukturbezogene Arbeit an komplexen Wörtern. Ergebnisse einer Interventionsstudie in Klasse 5. *Unterrichtswissenschaft*, 4, 354–373.

Bangel, M. et al. (2015b). *Lesen lernen in inklusiven Klassen. Das Basispaket.* Unveröffentlichtes Manuskript.

Baurmann, J., Müller, A. (2016). Gemeinsam lernen. Der Umgang mit Vielfalt im Deutschunterricht. *Praxis Deutsch*, 258, 4–12.

Beck, I. et al. (2008). *Creating Robust Vocabulary.* New York: Guilford.

Becker, C., Jaeger, H. (2019). *Deutsche Gebärdensprache. Mehrsprachigkeit mit Laut- und Gebärdensprache.* LinguS 6. Tübingen: Narr.

Becker, T. (2009). Erzählentwicklung beschreiben, diagnostizieren und fördern. In: M. Krelle, C. Spiegel (Hrsg.), *Sprechen und Kommunizieren. Entwicklungsperspektiven, Diagnosemöglichkeiten und Lernszenarien in Deutschunterricht und Deutschdidaktik* (64–81). Baltmannsweiler: Schneider.

Becker, T. ([2]2013). *Schriftspracherwerb in der Zweitsprache. Eine qualitative Längsschnittstudie.* Baltmannsweiler: Schneider.

Becker, T., Siekmann, K. (2012). Diagnose orthographischer Fähigkeiten bei mehrsprachigen Kindern. In: W. Grießhaber, Z. Kalkavan (Hrsg.), *Orthographie- und Schriftspracherwerb bei mehrsprachigen Kindern* (169–187). Stuttgart: Fillibach bei Klett.

Becker-Mrotzek, M., Böttcher, I. ([4]2012). *Schreibkompetenz entwickeln und beurteilen.* Berlin: Cornelsen.

Becker-Mrotzek, M., Quasthoff, U. (1998). Unterrichtsgespräche zwischen Gesprächsforschung, Fachdidaktik und Unterrichtspraxis. *Der Deutschunterricht*, 1, 3–13.

Becker-Mrotzek, M., Vogt, R. ([2]2009). *Unterrichtskommunikation. Linguistische Analysemethoden und Forschungsergebnisse.* Tübingen: Niemeyer.

Becker-Mrotzek, M. (Hrsg.) ([2]2012). *Mündliche Kommunikation und Gesprächsdidaktik.* Baltmannsweiler: Schneider.

Behle-Saure, B. et al. (Hrsg.) (2012). *der die das* – Deutsch-Lehrwerk für Grundschulkinder mit erhöhtem Sprachförderbedarf. Basisbuch 1. Hg. von S. Jeuk, A. Sinemus, K. Strozyk. Berlin: Cornelsen.

Belke, G. ([2]2006). Methoden des Sprachunterrichts in multilingualen Lerngruppen. In: U. Bredel et al. (Hrsg.), *Didaktik der deutschen Sprache.* Bd. 2 (840–853). Paderborn: Schöningh.

Belke, G. ([4]2008). *Mehrsprachigkeit im Deutschunterricht. Sprachspiele, Spracherwerb und Sprachvermittlung.* Baltmannsweiler: Schneider.

Benholz, C. et al. (Hrsg.) (2015). *Deutsch als Zweitsprache in allen Fächern. Konzepte für Lehrerbildung und Unterricht.* Stuttgart: Fillibach bei Klett.

Bereiter, C. (1980). Development in Writing. In: L. W. Gregg, E. R. Steinberg (Hrsg.), *Cognitive Processes in Writing* (73–93). Hillsdale: Routledge.

Berkemeier, A., Pfennig, L. (2009). Schüler präsentieren In: M. Becker-Mrotzek (Hrsg.), *Mündliche Kommunikation und Gesprächsdidaktik* (544–552). Baltmannsweiler: Schneider.

Bernstein, B. (Hrsg.) (1971). *Class, codes and control.* Vol. 1: Theoretical studies towards a sociology of language, 1971; Vol. 2: Applied studies towards a sociology of language, 1972. London: Routledge & Kegan Paul (Primary socialization, language and education, 4).

Betzel, D., Steinig, W. (2013). Rechtschreibung bei ein- und mehrsprachigen Viertklässlern. In: Y. Decker-Ernst, I. Oomen-Welke (Hrsg.), *Deutsch als Zweitsprache: Beiträge zur durchgängigen Sprachbildung* (173–191). Stuttgart: Fillibach bei Klett.

Betzel, D. (2015). *Zum weiterführenden Erwerb der satzinternen Großschreibung. Eine Längsschnittstudie in der Sekundarstufe I.* Baltmannsweiler: Schneider.

Bialystok, E. (1986). Factors in the growth of linguistic awareness. *Child Development*, 57, 498–510.

Bien-Miller, L., Akbulut, M., Wildemann, A., Reich, H. (2017). Zusammenhänge zwischen mehrsprachigen Sprachkompetenzen und Sprachbewusstheit bei Grundschulkindern. *Zeitschrift für Erziehungswissenschaft*, 20, 193-211.

Böttcher, I., Becker-Mrotzek, M. ([3]2008). *Texte bearbeiten, bewerten und benoten. Schreibdidaktische Grundlagen und unterrichtspraktische Anregungen.* Berlin: Cornelsen.

Brandt; H., Gogolin, I. (2016). *Sprachförderlicher Fachunterricht: Erfahrungen und Beispiele.* Münster; New York: Waxmann.

Bredel, U. (2011). Die Interpunktion des Deutschen. In: U. Bredel, T. Reißig (Hrsg.), *Weiterführender Orthographieerwerb* (129–144). Baltmannsweiler: Schneider.

Bredel, U. (2012). Verdeckte Probleme beim Orthographieerwerb des Deutschen in mehrsprachigen Klassenzimmern. In: W. Grießhaber, Z. Kalkavan (Hrsg.), *Orthographie- und Schriftspracherwerb bei mehrsprachigen Kindern* (125–142). Fillibach bei Klett: Stuttgart.

Bredel, U. ([2]2013). *Sprachbetrachtung und Grammatikunterricht*. Paderborn: Schöningh.

Bredel, U., Fuhrhop, N., Noack, C. (2011). *Wie Kinder lesen und schreiben lernen*. Tübingen: Francke.

Brehmer, B., Mehlhorn, G. (2018). *Herkunftssprachen*. LinguS 4. Tübingen: Narr.

Bremerich-Vos, A. (1999). *Zur Praxis des Grammatikunterrichts: mit Materialien für Lehrer und Schüler*. Freiburg: Fillibach.

Bremerich-Vos, A. et al. (2010). *Vergleichsarbeiten 2010. 3. Jahrgangsstufe (VERA-3) Deutsch. Didaktische Handreichung Lesen*. Berlin: IQB.

Brinker, K. ([8]2014). *Linguistische Textanalyse. Eine Einführung in Grundbegriffe und Methoden*. Berlin: Erich Schmidt.

Britz, L. (2006). Bildungsbe(nach)teiligung von MigrantInnen. In: L. Reiberg (Hrsg.), *Berufliche Integration in der multikulturellen Gesellschaft. Beiträge aus Theologie, Schule und Jugendhilfe zu einer interkulturellen sensiblen Berufsorientierung* (18–32). Bonn: bpb.

Brömel, Stefan (2016). Herausforderung Differenzierung im DaZ-Unterricht. *Fremdsprache Deutsch* (Sonderheft), 34–39.

Brügelmann, H., Brinkmann, E. (1998). *Die Schrift erfinden – Beobachtungshilfen und methodische Ideen für einen offenen Anfangsunterricht im Lesen und Schreiben*. Lengwil: Libelle Verlag.

Bryant, D., Rummel, S. (2015). Nachhaltige dramapädagogische Sprachförderung für Grundschulkinder mit DaZ. Ein durchgängiges Förderkonzept: Vom außerschulischen Ferien-Theatercamp zur fachsensiblen Sprachförderung in schulischer Theater-AG. *Scenario – Zeitschrift für Drama- und Theaterpädagogik in der Fremd- und Zweitsprachenvermittlung*, 2, 7–36.

Bryant, D. et al. (2017): Schulbuchtexte der Sekundarstufe auf dem linguistischen Prüfstand. Analyse der bildungs- und fachsprachlichen Komplexität in Abhängigkeit von Schultyp und Jahrgangsstufe, In: M. Hennig (Hrsg.), *Linguistische Komplexität – ein Phantom?* Tübingen: Stauffenburg Verlag.

Budde, M., Riegler, S., Wiprächtiger-Geppert, M. (2011). *Sprachdidaktik*. Berlin: Akademie Verlag.

Chlosta, C., Ostermann, T. (2006). Zur Gestaltung und Begleitung einer fragebogengestützten Erhebung bei Grundschulkindern. In: B. Ahrenholz, E. Apeltauer (Hrsg.), *Zweitspracherwerb und curriculare Dimensionen. Empirische Untersuchungen zum Deutschlernen in Kindergarten und Grundschule* (55–72). Tübingen: Stauffenburg.

Chlosta, C., Ostermann, T. (2010). Grunddaten zur Mehrsprachigkeit im deutschen Bildungssystem. In: B. Ahrenholz, I. Oomen-Welke (Hrsg.), *Deutsch als Zweitsprache* (17–32). Baltmannsweiler: Schneider Verlag.

Christmann, U., Groeben, N. (2001). Psychologie des Lesens. In: B. Franzmann,

K. Hasemann (Hrsg.), *Handbuch Lesen* (145–223). Baltmannsweiler: Schneider.

Claussen, C., Merkelbach, V. (1995). *Erzählwerkstatt.* Braunschweig: Westermann.

Colombo-Scheffold, S. et al. (Hrsg.) ([2]2012): *Ausländisch für Deutsche. Sprachen der Kinder – Sprachen im Klassenzimmer. Freiburg i. Br.: Fillibach.*

Cummins, J. (1979). Linguistic interdependence and the educational development of bilingual children. *Review of Educational Research*, 49 / 79, 222–251.

Czinglar, C. (2014). *Grammatikerwerb vor und nach der Pubertät. Eine Fallstudie zur Verbstellung im Deutschen als Zweitsprache.* Berlin: de Gruyter.

Dannenbauer, F. M. ([4]1999). Grammatik. In: S. Baumgartner, I. Füssenich (Hrsg.), *Sprachtherapie mit Kindern* (105–161). München, Basel: E. Reinhardt.

Decker, Y., Schnitzer, K. (2012). FreiSprachen – Eine flächendeckende Erhebung der Sprachenvielfalt an Freiburger Grundschulen. In: B. Ahrenholz, W. Knapp (Hrsg.), *Sprachstand erheben, Spracherwerb erforschen* (95–112). Stuttgart: Fillibach bei Klett.

Deutsches PISA-Konsortium (2001). *Pisa 2000 – Basiskompetenzen von Schülerinnen und Schülern im internationalen Vergleich.* Opladen: Leske + Budrich.

DiCamillo, K. (2003). *Winn-Dixie.* München: dtv-Verlagsgesellschaft.

Dimroth, C., Haberzettl, S. (2008). Je älter desto besser. Lernen Kinder Deutsch als Zweitsprache schneller als Deutsch als Erstsprache? In: B. Ahrenholz et al. (Hrsg.), *Empirische Forschung und Theoriebildung. Beiträge aus der Soziolinguistik, Gesprochene-Sprache-Forschung und Zweitspracherwerbsforschung* (227–239). Berlin: Lang.

Dimroth, C. (2008). Age effects on the process of L2 acquisition? Evidence from the acquisition of negation and finiteness L2 German. *Language Learning*, 58, 117–150.

Dirim, I. (1998). Spracherwerb und Sprachgebrauch in multilingualen Kinder- und Jugendlichengruppen. In: G. Hermann-Brennecke (Hrsg.), *Frühes schulisches Sprachenlernen: Wohin?* (29–40). Münster: LIT Verlag.

Dirim, I. (2016). „Ich wollte nie, dass die anderen merken, dass wir zu Hause Arabisch sprechen." Perspektiven einer linguizismuskritischen pädagogischen Professionalität von Lehrerinnen und Lehrern. In: M. Hummrich et al. (Hrsg.), *Kulturen der Bildung. Kritische Perspektiven auf erziehungswissenschaftliche Verhältnisbestimmungen* (191-208). Wiesbaden: Springer.

Droll, H. (2014). Zweifeln ist der erste Schritt zur Besserung. Ein Lückendiktat als Ausgangspunkt für Rechtschreibgespräche. *Praxis Deutsch*, 248, 42–47.

Duzy, D. et al. (2013). Predictors of reading skills in children with German as a second language. *Zeitschrift für Entwicklungspsychologie und Pädagogische Psychologie*, 45 (4), 173–190.

Eckhardt, A. G. (2008). *Sprache als Barriere für den schulischen Erfolg: Potentielle Schwierigkeiten beim Erwerb schulbezogener Sprache für Kinder mit Migrationshintergrund.* Münster [u. a.]: Waxmann.

Eckhardt, A. G. ([2]2014): Hörverstehen in der Zweitsprache Deutsch. In: B. Ahrenholz, I. Oomen-Welke (Hrsg.), *Deutsch als Zweitsprache* (253–264). Baltmannsweiler: Schneider Verlag.

Edele, A., Stanat, P. (2016). The Role of First-Language Listening Comprehension in Second-Language Reading Comprehension. *Journal of Educational Psychology*, 108, 163–180.

Ehlers, S. (2014). Lesekompetenz in der Zweitsprache. In: B. Ahrenholz, I. Oomen-Welke (Hrsg.), *Deutsch als Zweitsprache* (215–227). Baltmannsweiler: Schneider.

Ehlich, K. (1983). Text und sprachliches Handeln. Die Entstehung von Texten aus dem Bedürfnis nach Überlieferung. In: A. Assmann et al. (Hrsg.), *Schrift und Gedächtnis* (24–43). München: Fink.

Ehlich, K., Rehbein, J. (1979). Handlungsmuster im Unterricht. In: R. Mackensen, F. Sagebiel (Hrsg.), *Soziologische Analysen* (535–562). Berlin: Technische Universität.

Eisenberg, P. (2011). Grundlagen der deutschen Wortschreibung. In: U. Bredel, T. Reißig, (Hrsg.), *Weiterführender Orthographieerwerb* (83–95). Baltmannsweiler: Schneider.

Even, S. (2003). *Drama Grammatik. Dramapädagogische Ansätze für den Grammatikunterricht Deutsch als Fremdsprache.* München: Iudicium.

Fay, J., Berkling, K. (2013). Rechtschreibdiagnostik. In: J. Fay (Hrsg.), *(Schrift-) Sprachdiagnostik heute* (84–108). Baltmannsweiler: Schneider.

Feilke, H. (2012). Bildungssprachliche Kompetenzen – fördern und entwickeln. *Praxis Deutsch*, 233, 4–13.

Feilke, H. (2017). Schreibdidaktische Konzepte. In: M. Becker-Mrotzek, J. Grabowski, T. Steinhoff (Hrsg.), *Forschungshandbuch empirische Schreibdidaktik* (153–172). Münster: Waxmann.

Feilke, H. et al. (Hrsg.) (2001). *Grammatikalisierung, Spracherwerb und Schriftlichkeit.* Tübingen: Niemeyer.

Feldmeier, A. (2015). Neu zugewanderte Schülerinnen und Schüler unterrichten: Selbstbestimmte und selbstgesteuerte Lernprozesse mit Hilfe eines Portfolios anbahnen. In: Benholz, C., Frank, M., Niederhaus, C. (Hrsg.), *Neuzugewanderte SchülerInnen – Eine Gruppe mit besonderen Potentialen. Beiträge aus Forschung und Schulpraxis* (339–368). Münster [u. a.]: Waxmann.

Fienemann, J., Kügelgen, R. v. (²2006). Formen mündlicher Kommunikation in Lehr- und Lernprozessen. In: U. Bredel et al. (Hrsg.), *Didaktik der deutschen Sprache*, Bd. 1 (133–147). Schöningh: Paderborn.

Fix, M. (²2008). *Texte schreiben – Schreibprozesse im Deutschunterricht.* Paderborn: Schöningh.

Fried, L. (2004). *Expertise zu Sprachstandserhebungen für Kindergartenkinder und Schulanfänger. Eine kritische Betrachtung.* München: Deutsches Jugendinstitut.

Frieg, H. et al. (2014): *Dschungeltanz und Monsterboogie – Singen und Spielen mit Sprache.* Baltmannsweiler: Schneider.

Fuhrhop, N. (2011). System der Getrennt- und Zusammenschreibung. In: U. Bredel, T. Reißig (Hrsg.), *Weiterführender Orthographieerwerb* (107–128). Baltmannsweiler: Schneider.

Funke, R. (2000). Wann ist grammatisches Wissen in Funktion? *Der Deutschunterricht*, 52(4), 58–68.

Funke, R. (2014). Erstunterricht nach der Methode ‚Lesen durch Schreiben' und Ergebnisse schriftsprachlichen Lernens: eine metaanalytische Bestandsaufnahme. *Didaktik Deutsch*, 19(36), 20–41.

Fürstenau, S., Gogolin, I. (2003). Lebendige Mehrsprachigkeit in Hamburg: Ergebnisse der Untersuchung. In: S. Fürstenau, I. Gogolin, K. Yağmur (Hrsg.), *Mehrsprachigkeit in Hamburg. Ergebnisse einer Sprachen-*

erhebung an den Grundschulen in Hamburg (239–246). Münster: Waxmann.

Gailberger, S., Willenberg, H. (2008). Leseverstehen Deutsch. In: DESI-Konsortium (Hrsg.), *Unterricht und Kompetenzerwerb in Deutsch und Englisch. Ergebnisse der DESI-Studie* (60–71). Weinheim: Beltz.

Gailberger, S. (2013). *Systematische Leseförderung für schwach lesende Schüler. Zur Wirkung von lektürebegleitenden Hörbüchern und Lesebewusstmachungsstrategien.* Weinheim: Beltz.

Gawlitzek, I., Kümmerling-Meibauer, B. (Hrsg.) (2013). *Mehrsprachigkeit und Kinderliteratur.* Freiburg: Fillibach bei Klett.

Geilfuß-Wolfgang, J., Ponitka, S. (i. Vorb.). *Der einfache Satz.* LinguS 5. Tübingen: Narr.

Geist, B. (2013). *Sprachdiagnostische Kompetenz von Sprachförderkräften.* Berlin: de Gruyter.

Geist, B. (2017a). Wortschatz von Kindern mit Deutsch als Zweitsprache – Die Bedeutung sprachbiografischer Faktoren. *Frühe Bildung*, 6, 124-132.

Geist, B. (2017b). Kinder in Rechtschreibgesprächen zum Austausch über Schreibungen herausfordern. In: M. Hallitzky, C. Hempel (Hrsg.), *Schulbezogene Forschung und Lehrerbildung.* Leipzig: Universitätsverlag.

Geist, B. (2017c). anziehen, ausmalen und Co – Verben klammern. *Grundschule Deutsch*, 54, 30-33.

Geist, B. (2018a). Mehrsprachige Elemente und sprach(en)vergleichende Aufgaben in Grundschullehrwerken: Zierde oder Zeichen mehrsprachigkeitsdidaktischer Kontinuität? In: J. Ricart Brede, D. Maak, E. Pliska (Hrsg.), *Tagungsband zum 12. Workshop für Deutsch als Zweitsprache, Migration und Mehrsprachigkeit* (S. 79-99). Freiburg: Fillibach bei Klett.

Geist, B. (2018b). Wie Kinder in Rechtschreibgesprächen Schreibungen erklären und wie die Lehrperson sie darin unterstützt. In: S. Riegler, S. Weinhold (Hrsg.), *Rechtschreiben unterrichten. Lehrerforschung in der Orthographiedidaktik* (S. 111-130). Berlin: Erich Schmidt Verlag.

Geist, B., Grimm, A. (2012). …, weil der Igel im Winter schläft. Diagnostik und Förderung der Nebensatzbildung bei DaZ-Kindern. *Grundschule Deutsch*, 36, 24–26.

Geist, B., Hesselbarth, C. (2017). „also <h> ist groß weil das substantiv ist?". Rechtschreibfähigkeit und Rechtschreibgespräche einer Schülerin mit Deutsch als Zweitsprache. In: E. Inckemann, R. Sigel (Hrsg.), *Diagnose und Förderung von Kindern mit Zuwanderungshintergrund im Schriftspracherwerb* (137–148). Bad Heilbrunnen: Julius Klinkhardt.

Geist, B., Kupetz, M., Glaser, K. (2019). Accounting for spellings: Ambisyllabic consonants in L2 German spelling discussions. *Classroom Discourse*, 10, 1, 71-98.

Gibbons, Pauline (2006). Unterrichtsgespräch und das Erlernen neuer Register in der Zweitsprache. In: P. Mecheril, T. Quehl (Hrsg.), *Die Macht der Sprachen. Englische Perspektiven auf die mehrsprachige Schule* (269–290). Münster: Waxmann.

Glaser, K., Kupetz, M., Hie-Jung, Y. (2019). Embracing social interaction in the L2 classroom: Perspectives for language teacher education – an introduction. *Classroom Discourse*, 19, 1, 1-9.

Gogolin, I. (1994). *Der monolinguale Habitus der multilingualen Schule.* Münster: Waxmann.

Gogolin, I. (2006), Bilingualität und die Bildungssprache der Schule. In: P. Mecheril, T. Quehl (Hrsg.), *Die Macht der Sprachen. Englische Perspektiven auf die mehrsprachige Schule* (79–85). Münster: Waxmann.

Gogolin, I., Duarte, J. (2016). Bildungssprache. In: J. Kilian, B. Brouër, D. Lüttenberg (Hrsg.), *Handbuch Sprache in der Bildung* (478–499). Berlin / Boston: de Gruyter.

Gold, A. (2010). *Lesen kann man lernen. Lesestrategien für das 5. und 6. Schuljahr.* Göttingen: Vandenhoeck & Ruprecht.

Gornik, H. (Hrsg.) (2014). *Sprachreflexion und Grammatikunterricht.* Baltmannsweiler: Schneider.

Granzow-Emden, M. (2014). *Deutsche Grammatik verstehen und unterrichten.* Tübingen: Narr.

Grießhaber, W. ([2]2014): Schreiben in der Zweitsprache Deutsch. In: B. Ahrenholz, I. Oomen-Welke (Hrsg.), *Deutsch als Zweitsprache* (228–238). Baltmannsweiler: Schneider.

Grießhaber, W., Kalkavan, Z. (Hrsg.) (2012). *Orthographie und Schriftspracherwerb bei mehrsprachigen Kindern.* Freiburg i. B.: Fillibach.

Grimm, A., Schulz, P. (2012). Das Sprachverstehen bei frühen Zweitsprachlernern: Erste Ergebnisse der kombinierten Längs- und Querschnittsstudie MILA. In B. Ahrenholz (Hrsg.), *Einblicke in die Zweitspracherwerbsforschung und ihre forschungsmethodischen Verfahren* (195–218). Berlin / New York: de Gruyter.

Grosjean, F. (1982). *Life with Two Languages: An Introduction to Bilingualism.* Cambridge: Harvard University Press.

Grosjean, F. (2008). Studying bilinguals. Oxford / New York: Oxford University Press.

Grundler, E., Vogt, R. (Hrsg.) (2006). *Argumentieren in Schule und Hochschule. Interdisziplinäre Zugänge.* Tübingen: Stauffenburg.

Grundler, E., Vogt, R. (Hrsg.) (2013). *Unterrichtskommunikation.* Tübingen: Stauffenburg.

Günther, H. (1993). Erziehung zur Schriftlichkeit. In: P. Eisenberg, P. Klotz (Hrsg.), *Sprache gebrauchen – Sprachwissen erwerben* (85–96). Stuttgart: Klett.

Günther, H., Gaebert, D. (2011). Das System der Groß- und Kleinschreibung. In: U. Bredel, T. Reißig (Hrsg.), *Weiterführender Orthographieerwerb* (96–106). Baltmannsweiler: Schneider.

Habermas, J. (1977). Umgangssprache, Wissenschaftssprache, Bildungssprache. *Max-Planck-Gesellschaft, Jahrbuch 1977*, 36–51.

Haberzettl, S. (2005). *Der Erwerb der Verbstellungsregeln in der Zweitsprache Deutsch durch Kinder mit russischer und türkischer Muttersprache.* Tübingen: Narr.

Haberzettl, S. (2009). Förderziel: Komplexe Grammatik. *Zeitschrift für Literaturwissenschaft und Linguistik*, 153, 80–95.

Handt, R. et al. (2015). *ABC der Tiere 1 – Lesen in Silben.* Sömmerda: Mildenbeger.

Hansegård, N. E. (1968). *Tvasprakighet eller halvsprakighet? med ett tillägg „De språliga minoriteterna av Thomas Lundén".* Stockholm: Aldus / Bonniers.

Harr, A.-K., Liedke-Göbel, M., Riehl, C. M. (2018). *Deutsch als Zweitsprache. Eine Einführung.* Weimar: Metzler.

Hausendorf, H., Quasthoff, U. (1996). *Sprachentwicklung und Interaktion. Eine linguistische Studie zum Erwerb von Diskursfähigkeiten.* Wiesbaden: Westdeutscher Verlag.

Hayes, J. R., Flower, L. S. (1980). Identifying the organization of writing processes. In: L. W. Gregg, E. R. Steinberg (Hrsg.), *Cognitive Processes in Writing* (3–30). Hillsdale: Routledge.

Heller, V. (2012). *Kommunikative Erfahrungen von Kindern in Familie und Unterricht.* Tübingen: Stauffenburg.

Heller, V., Morek, M. (2015). *Unterrichtsgespräche als Erwerbskontext. Kommunikative Gelegenheiten für bildungssprachliche Praktiken erkennen und nutzen.* http://leseforum.ch/archivsuche.cfm?pid=548 (16.2.2017).

Heller, V. (2017). Lerngelegenheiten für bildungssprachliche Kompetenzen: Wie partizipieren DaZ-Lerner am Erklären und Argumentieren? In: I. Fuchs, S. Jeuk, W. Knapp (Hrsg.), *Mehrsprachigkeit: Spracherwerb, Unterrichtsprozesse, Schulentwicklung.* Stuttgart: Fillibach bei Klett (162-185).

Hesselbarth, C. (2016). *Rechtschreibgespräche: Kontrastive Einzelfallanalyse einer Schülerin mit Deutsch als Zweitsprache.* Universität Leipzig. Unveröffentlichte Examensarbeit.

Hilbe, R.; Kutzelmann, S.; Massler, U., Klaus, P. (Hrsg.) (2017). *Mehrsprachiges Vorlesen durch die Lehrperson. Handbuch zu Theorie und Praxis.* Leverkusen / Opladen: Budrich.

Hiller, F. (2010). *Sachtexte erschließen. Eine empirische Studie zur Förderung der Lesekompetenz in Klassenstufe 8.* Freiburg i. Br.: Fillibach.

Hirschfeld, U., Reinke, K. (2016). *Phonetik im Fach Deutsch als Fremd- und Zweitsprache: unter Berücksichtigung des Verhältnisses von Orthografie und Phonetik.* Berlin: Erich Schmidt.

Hochstadt, C. (2015). *Mimetisches Lernen im Grammatikunterricht.* Baltmannsweiler: Schneider.

Hochstadt, C., Krafft, A., Olsen, R. (^{2}2015). *Deutschdidaktik. Konzeptionen für die Praxis.* Tübingen: Francke.

Hopp, H., Thoma, D., Tracy, R. (2010). Sprachförderkompetenz pädagogischer Fachkräfte. Ein sprachwissenschaftliches Modell. *Zeitschrift für Erziehungswissenschaft*, 13, 609–629.

Hüttis-Graff, P. (2012). Gespräche über alternative Formulierungen – Dialoge beim Überarbeiten eines Fremdtextes in Klasse 2 und 4. In: C. Jantzen, P. Hüttis-Graff (Hrsg.), *Überarbeiten lernen – Überarbeiten als Lernen* (37–80). Freiburg i. Br.: Fillibach.

Hüttis-Graff, P., Schüler, L. (2016). Unsere Buchstaben und Wörter. Grundsätze und Möglichkeiten zur Arbeit mit Anlauttabellen. *Grundschulunterricht Deutsch*, 3, 8–12.

Internationale Jugend Bibliothek (Hrsg.) (2017). *Arche Kinder Kalender 2017: Mit 53 Gedichten und Bildern aus der ganzen Welt.* München.

Isler, D. (2014). *Vorschulischer Erwerb von Literalität in Familien.* Genève: Université de Genève

Isler, D., Künzli, S., Wiesner, E. (2014). Alltagsgespräche im Kindergarten – Gelegenheitsstrukturen für den Erwerb bildungssprachlicher Fähigkeiten. *Schweizerische Zeitschrift für Bildungswissenschaften*, 3/2014, 459–479.

Ivo, H. (1999). *Deutschdidaktik: die Sprachlichkeit des Menschen als Bildungsaufgabe in der Zeit.* Baltmannsweiler. Schneider.

Jagemann, S. (2016). „Hör mal genau hin: <Tru – He>.“ – Wie verstehen und erklären angehende Lehrer/innen das silbeninitiale-h? In: H. Zimmermann, A. Peyer (Hrsg.), *Wissen und Normen – Facetten professioneller Kompetenz von Lehrkräften* (221–246). Frankfurt a. M.: Peter Lang.

Jeuk, S. (2012). Orthographieerwerb mehrsprachiger Kinder in der ersten Klasse. In: W. Grießhaber, Z. Kalkavan (Hrsg.), *Orthographie- und Schriftspracherwerb bei mehrsprachigen Kindern* (105–123). Stuttgart: Fillibach bei Klett.

Jeuk, S. ([2]2013). *Deutsch als Zweitsprache in der Schule.* Stuttgart: Kohlhammer.

Junk-Deppenmeier, A., Jeuk, S. (Hrsg.) (2015). *Praxismaterial Förderdiagnostik: Werkzeuge für den Sprachunterricht in der Sekundarstufe I.* Stuttgart: Fillibach bei Klett.

Kalkavan, Z. (2012a). *Lesen und Textverstehen in der Zweitsprache.* Berlin: Cornelsen.

Kalkavan, Z. (2012b). Orthographische Markierungen des Deutschen in türkischsprachigen Lernertexten: Ein Indiz für unzureichende Orthographiekenntnisse in der Erstsprache oder Transferleistungen und Rechtschreibbewusstsein? In: W. Grießhaber, Z. Kalkavan (Hrsg.), *Orthographie- und Schriftspracherwerb bei mehrsprachigen Kindern* (57–80). Stuttgart: Fillibach bei Klett.

Kalkavan-Aydın, Z. (Hrsg.) (2015). *Deutsch als Zweitsprache. Didaktik für die Grundschule.* Berlin: Cornelsen.

Kalkavan-Aydın, Z. (Hrsg.) (2018). *DaZ / DaF Didaktik. Praxishandbuch für die Sekundarstufe I und II.* Berlin: Cornelsen.

Karing, C. (2009): Diagnostische Kompetenz von Grundschul- und Gymnasiallehrkräften im Leistungsbereich und im Bereich Interessen. *Zeitschrift für Pädagogische Psychologie*, 23(3-4), 197–209.

Kauschke, C. (2012). *Kindlicher Spracherwerb im Deutschen.* Berlin: de Gruyter.

Kersten, A. et al. (2011). Mehrsprachigkeit. Mythen und was dahinter steckt. *KiTa HRS*, 4, 89–91.

Khakpour, N., Schramm, K. (2016). Autonomie im Unterricht mit Seiteneinsteiger_innen – Theoretische Perspektiven und Praxisbeispiele. In: C. Benholz, M. Frank, C. Niederhaus (Hrsg.), *Neuzugewanderte SchülerInnen – Eine Gruppe mit besonderen Potenzialen. Beiträge aus Forschung und Schulpraxis* (321–338). Münster: Waxmann (Bd. 16 d. Reihe „Sprach-Vermittlungen").

Kieffer, M. J., Lesaux, N. K. (2012b). Direct and Indirect Roles of Morphological Awareness in the English Reading Comprehension of Native English, Spanish, Filipino, and Vietnamese Speakers. *Language Learning*, 64(4), 1170–1204.

Klein, W. (2000). Prozesse des Zweitspracherwerbs. In: H. Grimm (Hrgs.): *Enzyklopädie der Psychologie (Sprachentwicklung)* (537–570). Göttingen: Hogrefe.

Kleinbub, I. (2012). Kontrastive Analyse von Zugängen zum Satzglied durch Unterrichtsvideos und -transkripte. In: S. Merten, K. Kuhs (Hrsg.), *Empirische Perspektiven der Sprachdidaktik* (197–219). Trier: Wissenschaftlicher Verlag.

Klieme, E. et al. (Hrsg.) (2010). *PISA 2009. Bilanz nach einem Jahrzehnt.* Münster: Waxmann.

Klotz, P. (1996). *Grammatische Wege zur Textgestaltungskompetenz. Theorie und Empirie.* Tübingen: Niemeyer.

Knapp, W. (1999). Verdeckte Sprachschwierigkeiten. *Die Grundschule*, 5(99), 30–33.

Knapp, W. et al. (2011). *Sprechen, Schreiben und Verstehen: Sprachförderung in der Primarstufe.* Seelze: Kallmeyer in Verb. mit Klett.

Kniffka, G., Siebert-Ott, G. ([3]2012). *Deutsch als Zweitsprache. Lehren und Lernen.* Paderborn: Schöningh.

Koch, P., Oesterreicher, W. (1994). Schriftlichkeit und Sprache. In: H. Günther, O. Ludwig (Hrsg.), *Schrift und Schriftlichkeit. Ein interdisziplinäres Handbuch internationaler Forschung* (587–604). Berlin: de Gruyter.

Koppenhöfer, A. (2015). *Bildungswortschatz gezielt aufbauen und fördern – Entwicklung und Evaluation einer Einheit zum Robusten Wortschatztraining.* PH Karlsruhe. Unveröffentlichte Examensarbeit.

Koppenhöfer, A., Krafft, A. (2019). Wörter und Wortgruppen systematisch entdecken. Robustes Wortschatztraining für die Bildungssprache. *Deutsch differenziert*, 3/2019, 32-39.

Krafft, A. (2014). *Zur Entwicklung metasprachlicher Fähigkeiten bei Kindern mit ein- und mehrsprachigem Hintergrund.* Baltmannsweiler: Schneider.

Kraut, R. (2015). The Relationship between Morphological Awareness and Morphological Decomposition among English Language Learners. *Reading and Writing: An Interdisciplinary Journal*, 28, 6, 873–890.

Krifka, M. et al. (Hrsg.) (2014). *Das mehrsprachige Klassenzimmer.* Berlin: Springer.

Kruse, N., Maubach, B., Reichardt, A. (2014). Konventionelles und Unkonventionelles in Lernertexten von Grundschulkindern – Plädoyer für eine veränderte Bewertungspraxis. In: N. Kruse et al. (Hrsg.), *Unkonventionalität in Lernertexten. Zur Funktion von Divergenz und Mehrdeutigkeit beim Textschreiben* (185–217). Berlin: Erich Schmidt Verlag.

Kuchenreuther, M., Michalak, M. (2008). Verständnisbarriere. Sachtexte – eine besondere Herausforderung für Schüler mit Migrationshintergrund. *Grundschulmagazin*, 05 / 2008, 31–36.

Kühn, P. (2010). *Sprache untersuchen und erforschen.* Berlin: Cornelsen.

Kühn, P. (2014). Leistungsaufgaben zu grammatischem Wissen. In: H. Gornik (Hrsg.), *Sprachreflexion und Grammatikunterricht* (473–495). Baltmannsweiler: Hohengehren.

Kurtz, G. (2012). Bildungswortschatz trainieren – Robusten Wortschatz aufbauen. In: S. Merten, K. Kuhs (Hrsg.), *Empirische Perspektiven der Sprachdidaktik* (71–89). Trier: Wissenschaftlicher Verlag.

Kutzelmann, S., Massler, U. (2018). *Mehrsprachige Leseförderung: Grundlagen und Konzepte.* Tübingen: Narr.

Kutzelmann, S., Massler, U., Klaus, P., Götz, K., Ilg, A. (Hrsg.) (2017). *Mehrsprachiges Lesetheater. Handbuch zu Theorie und Praxis.* Leverkusen / Opladen: Budrich.

Lengyel, D. (2016). Umgang mit sprachlicher Heterogenität im Klassenzimmer. In: J. Kilian, B. Brouër, D. Lüttenberg (Hrsg.), *Handbuch Sprache in der Bildung* (500–522). Berlin: de Gruyter.

Lengyel, K. (2016). *Analyse zu den Möglichkeiten der Sprachstandserhebung durch LiSe-DaZ bei Grundschulkindern mit DaZ, spätem Alter bei Spracherwerbsbeginn und kurzer Kontaktdauer.* Universität Leipzig. Unveröffentlichte Hausarbeit.

Lenhard, W. (2013). *Leseverständnis und Lesekompetenz. Grundlagen, Diagnostik, Förderung.* Stuttgart: Kohlhammer.

Lenhard, W., Schneider, W. (2006). *ELFE 1–6: Ein Leseverständnistest für Erst- bis Sechstklässler.* Göttingen: Hogrefe.

Leßmann, B. (2014). Individuelle und gemeinsame Lernwege im Rechtschreiben. *Grundschulzeitschrift*, 271, 44–47.

Lingnau, B., Mehlem, U. (2012). Interaktive Entstehung von Wortschreibungen mehrsprachiger Kinder im ersten Schuljahr. In: W. Grießhaber, Z. Kalkavan (Hrsg.), *Orthographie- und Schriftspracherwerb bei mehrsprachigen Kindern* (143–166). Stuttgart: Fillibach bei Klett.

Löffler, Cordula (2010). *Oskar – Lehrwerk für den Elementarbereich und den Anfangsunterricht.* Stuttgart, Leipzig: Klett.

Long, M. H. (1997). Focus on Form in Task Based Language Teaching. *University of Hawaii Working Papers in ESL*, 16, 2, 35–49.

Luchtenberg, S. (2014[3]). Language Awareness. In: B. Ahrenholz, I. Oomen-Welke (Hrsg.), *Deutsch als Zweitsprache* (107–117). Baltmannsweiler: Schneider Verlag Hohengehren.

Lütje-Klose, B./ Dirim, I. (2007). Guten Tag, kleiner Eisbär! Iyi Günler, Beyaz Ayi! Zweisprachige Bilderbücher im Anfangsunterricht. *Praxis Deutsch*, 202, 16–19.

Lütke, B., Petersen, I., Tajmel, T. (2016). *Fachintegrierte Sprachbildung: Forschung, Theoriebildung und Konzepte für die Unterrichtspraxis.* Berlin: de Gruyter.

Maak, D. (2014). „es WÄre SCHÖN, wenn es nich (.) OFT so diese RÜCKschläge gäbe" – Eingliederung von SeiteneinsteigerInnen mit Deutsch als Zweitsprache in Thüringen. In: B. Ahrenholz, P. Grommes (Hrsg.), *Zweitspracherwerb im Jugendalter* (319–338). Berlin: de Gruyter.

Magdeburg, G., Peyer, A. (2016). Sprichwörter und Redensarten gemeinsam erforschen. Interkulturelles Lernen mit Zweisprachenlernern fördert Sprachbewusstheit. *Praxis Deutsch*, 43, 258, 30–37.

Marx, N. (2014). Häppchen oder Hauptgericht? Zeichen der Stagnation in der deutschen Mehrsprachigkeitsdidaktik. *Zeitschrift für Interkulturellen Fremdsprachenunterricht*, 1, 8–24.

Marx, N. (2017). Schreibende mit nichtdeutscher Familiensprache. In: M. Becker-Mrotzek, J. Grabowski, T. Steinhoff (Hrsg.), *Forschungshandbuch empirische Schreibdidaktik* (139–152). Münster: Waxmann.

Massumi, M. et al. (2015). *Neu zugewanderte Kinder und Jugendliche im deutschen Schulsystem.* Köln: Mercator-Institut Uni Köln. http://www.mercator-institut-sprachfoerderung.de/fileadmin/Redaktion/PDF/Publikationen/MI_ZfL_Studie_Zugewanderte_im_deutschen_Schulsystem_final_screen.pdf (15.5.2017).

Mavruk, G., Wiethoff, M. (2015). Zur schulischen Situation von ‚Seiteneinsteigerinnen und Seiteneinsteigern'. In: C. Benholz, M. Frank, E. Gürsoy (Hrsg.), *Deutsch als Zweitsprache in allen Fächern. Konzepte für Lehrerbildung und Unterricht. Beiträge zu Sprachbildung und Mehrsprachigkeit aus dem Modellprojekt ProDaZ* (215–236). Stuttgart: Fillibach bei Klett.

May, P. (2012). *Hamburger Schreib-Probe.* Hamburg: VPM / Klett.

Mecheril, P. (2004). *Einführung in die Migrationspädagogik.* Weinheim, Basel: Beltz.

Meisel, J. (2009). Second Language Acquisition in Early Childhood. *Zeitschrift für Sprachwissenschaft*, 28, 1, 5–34.

Merklinger, D. (2012). *Schreiben lernen durch Diktieren: Theoretische Grundlagen und Praxisbeispiele für Diktiersituationen.* Berlin: Cornelsen.

Merten, N. (2011). Wortschatzarbeit in mehrsprachigen Klassen. In: I. Pohl, W. Ulrich

(Hrsg.). *Wortschatzarbeit* (452–467). Baltmannsweiler: Schneider.

Merz-Grötsch, J. (2016). *Texte schreiben lernen*. 3. Aufl. Seelze: Friedrich Verlag.

Michalak, M., Kuchenreuther, M. (Hrsg.) (2012). *Grundlagen der Sprachdidaktik Deutsch als Zweitsprache*. Baltmannsweiler: Schneider.

Ministerium für Schule und Bildung (2016). Unterricht für neu zugewanderte Schülerinnen und Schüler. RdErl. d. v. 28.06.2016. https://bass.schul-welt.de/16240.htm (5.8.2019).

Montanari, E. ([12]2014). Mit zwei Sprachen groß werden: *Mehrsprachige Erziehung in Familie, Kindergarten und Schule*. München: Kösel.

Morek, M. (2012). *Kinder erklären: Interaktionen in Familie und Unterricht im Vergleich*. Tübingen: Stauffenburg.

Müller, N. (Hrsg.) (2015). *Code-Switching: Spanisch, Italienisch, Französisch. Eine Einführung*. Tübingen: Narr.

Müller, A. (2012). Die Rechtschreibung in eigenen Texten überarbeiten. Was wissen und können Schülerinnen und Schüler zu Beginn der Sekundarstufe I? In: P. Hüttis-Graff, C. Jantzen (Hrsg.), *Überarbeiten lernen – Überarbeiten als Lernen* (205–238). Stuttgart: Fillibach bei Klett.

Müller, A. (2014). Herausforderung Rechtschreiben. Über Schreibungen nachdenken und sprechen. *Praxis Deutsch*, 248, 4–16.

Müller, A., Geist, B., Grimm, A. (Hrsg.) (2016). (Vor-)Schulkinder mit Deutsch als Zweitsprache im Fokus von Spracherwerbsforschung und Sprachdidaktik. *Diskurs Kindheits- und Jugendforschung*, 1/16.

Müller, N. et al. ([2]2007). *Einführung in die Mehrsprachigkeitsforschung: Deutsch, französisch, italienisch*. Tübingen: Narr.

Neuland, E. (1992). Sprachbewußtsein und Sprachreflexion innerhalb und außerhalb der Schule. Zur Einführung in die Themenstellung. *Der Deutschunterricht*, 44, 4, 3–14.

Neuland, E. (2008). *Jugendsprache. Eine Einführung*. Tübingen: Francke.

Nickel, S. (2011). Literalität – Familie – Family Literacy. Die Transmission schriftkultureller Praxis und generationenübergreifende Bildungsprogramme als Schlüsselstrategie. *Psychologie und Gesellschaftskritik*, 3, 53–77.

Noack, C., Weth, C. (2012). Orthographie- und Schriftspracherwerb in mehreren Sprachen – Ein Forschungsüberblick. In: W. Grießhaber, Z. Kalkavan (Hrsg.), *Orthographie- und Schriftspracherwerb bei mehrsprachigen Kindern* (15–34). Stuttgart: Fillibach bei Klett.

Nünke, E., Wilhelmus, C. (2002). „Wandern ist ein Wiewort und Wiewörter werden großgeschrieben." Oder: Warum die Konsolidierung eines alternativen Konzeptes für den orthographischen Bereich der satzinternen Großschreibung erforderlich ist. In: C. Röber-Siekmeyer, D. Tophinke (Hrsg.), *Schrifterwerbskonzepte zwischen Sprachwissenschaft und Pädagogik* (202–225). Baltmannsweiler: Schneider.

Oleschko, S., Moraitis, A. (2012). Die Sprache im Schulbuch. Erste Überlegungen zur Entwicklung von Geschichts- und Politikschulbüchern unter Berücksichtigung sprachlicher Besonderheiten. *Bildungsforschung*, 9, 11–46.

Oomen-Welke, I. ([3]2014). Didaktik der Sprachenvielfalt. In: B. Ahrenholz, I. Oomen-Welke (Hrsg.), *Deutsch als Zweitspra-*

che (479–492). Baltmannsweiler: Schneider Verlag Hohengehren.

Oomen-Welke, I., Kühn, P. (³2014). Sprache und Sprachgebrauch untersuchen. In: A. Bremerich-Vos et al. (Hrsg.), *Bildungsstandards für die Grundschule. Deutsch konkret* (139–184). Berlin: Cornelsen Scriptor.

Oomen-Welke, I. (1999). Sprachen in der Klasse. *Praxis Deutsch*, 157, 14–23.

Ossner, J. (2014). Geschichte der Grammatikdidaktik – von den Anfängen bis zur Gegenwart. In: H. Gornik (Hrsg.), *Sprachreflexion und Grammatikunterricht* (41–58). Baltmannsweiler: Schneider.

Pabst-Weinschenk, M. (2012). Sprechen und Zuhören in mehrsprachigen Klassen fördern. In: M. Michalak, M. Kuchenreuther (Hrsg.), *Grundlagen der Sprachdidaktik. Deutsch als Zweitsprache* (85–117). Baltmannsweiler: Schneider.

Pangh, C. (2009). „Jetzt hab ich's!" Reciprocal Teaching: ein Förderkonzept zum selbstständigen verstehenden Lesen. *Lernchancen*, 67, 14–22.

Peyer, A. (2011). *Sätze untersuchen. Lernorientierte Sprachreflexion und grammatisches Wissen*. Seelze: Friedrich Verlag.

Peyer, A. (2013). Diagnostik grammatischer Fähigkeiten. In: J. Fay (Hrsg.), *(Schrift-) Sprachdiagnostik heute. Theoretisch fundiert, interdisziplinär, prozessorientiert und praxistauglich* (164–180). Baltmannsweiler: Schneider.

Philipp, M. (2017). Wirksame Schreibförderung – metaanalytische Befunde. In: M. Becker-Mrotzek, J. Grabowski, T. Steinhoff (Hrsg.), *Forschungshandbuch empirische Schreibdidaktik* (187–202). Münster: Waxmann.

Pracht, H. (2012). *Schemabasierte Basisalphabetisierung im Deutschen. Ein Praxisbuch für Lehrkräfte*. Münster: Waxmann.

Preußler, O. (1962). *Der Räuber Hotzenplotz*. Stuttgart / Wien: Thienemann.

Quehl, T. (2010). Wir sprechen wie Forscherinnen und Forscher über den Wasserkreislauf. Die Gestaltung einer Forscherkonferenz im Rahmen des Scaffolding-Konzepts. *Grundschulunterricht Deutsch*, 4, 33–34.

Rautenberg, I. et al. (2016). *Syntaxbasierte Didaktik der Großschreibung ab Klasse 2: Einführung, Methodensammlung, Kopiervorlagen*. Offenburg: Mildenberger.

Rehbein, J. (1987). Diskurs und Verstehen. Zur Rolle der Muttersprache bei der Textverarbeitung in der Zweitsprache. In: E. Apeltauer (Hrsg.), *Gesteuerter Zweitspracherwerb* (113–172). München: Hueber.

Reich, H., Roth, H.-J. (2004). *Hamburger Verfahren zur Analyse des Sprachstandes bei 5-jährigen (HAVAS-5)*. Hamburg: Landesinstitut für Lehrerbildung und Schulentwicklung.

Reich, H., Roth, H.-J., Döll, M. (2009). Fast Catch Bumerang: Deutsche Sprachversion. Auswertungsbogen und Auswertungshinweise. In: D. Lengyel et al. (Hrsg.), *Von der Sprachdiagnose zur Sprachförderung* (209–241). Münster: Waxmann.

Reich, H., Roth, H.-J., Gantefort, C. (2008). Der Sturz ins Tulpenbeet: Deutsche Sprachversion. Auswertungsbogen und Auswertungshinweise. In: T. Klinger, K. Schwippert, B. Leiblein (Hrsg.), *Evaluation im Modellprogramm FörMig* (209–237). Münster: Waxmann.

Reichen, J. (2001). *Hannah hat Kino im Kopf*. Hamburg: Heinevetter.

Ricart Brede, J. (2014). Zur Didaktik des Versuchsprotokolls als Aufgabe eines sprachsensiblen Fachunterrichts und eines fachsensiblen Sprach(förder)unterrichts. In: H. Klages, G. Pagonis (Hrsg.), *Linguistisch fundierte Sprachförderung und Sprachdidaktik: Grundlagen, Konzepte, Desiderate* (181–199). Berlin: de Gruyter.

Ricart Brede, J. (2016). *Schreibprozesse mehrsprachiger SchülerInnen.* Deutschunterricht, 6 / 2016, 68–72.

Riebling, L. (2013). *Sprachbildung im naturwissenschaftlichen Unterricht. Eine Studie im Kontext migrationsbedingter sprachlicher Heterogenität.* Münster: Waxmann.

Rieckmann, C. (2010). *Leseförderung in sechsten Hauptschulklassen. Zur Wirksamkeit eines Vielleseverfahrens.* Baltmannsweiler: Schneider.

Riegler, S. (2012). Freies Schreiben mit System. Eine silbenbezogene Lauttabelle für das frühe selbstständige Schreiben. *Grundschulunterricht*, 3 / 2012, 8–11.

Riegler, S., Laser, B., Girshausen, B. (2015). *Lernbuch „Sprache untersuchen".* Stuttgart: verlag pädagogische medien (vpm) bei Klett.

Riegler, S. (2016). Mit einer silbenorientierten Lauttabelle schreiben lernen. *Grundschulunterricht Deutsch*, 3, 19–22.

Riegler, S., Geist, B. (2017). Modul „Mit Sätzen Texte schreiben Sätze bauen und verbinden". In: E. Topalović, B. Uhl (Hrsg.): *Deutsch lernen. Sprechen – Zuhören – Lesen – Schreiben. Basale Sprachfähigkeiten.* Paderborn: Schöningh Verlag.

Richter, K., Plath, M. (2007). *Lesemotivation in der Grundschule. Empirische Befunde und Modelle für den Unterricht.* Weinheim / München: Juventa.

Risel, H. ([2]2011). *Arbeitsbuch Rechtschreibdidaktik.* Baltmannsweiler: Schneider.

Röber, C. ([2]2011). *Die Leistungen der Kinder beim Lesen- und Schreibenlernen. Grundlagen der silbenanalytischen Methode.* Baltmannsweiler: Schneider.

Röber-Siekmeyer, C. (1999). *Ein anderer Weg zur Groß- und Kleinschreibung.* Stuttgart: Klett.

Rösch, H. (2007). DaZ-Förderung in Feriencamps. In: B. Ahrenholz (Hrsg.), *Deutsch als Zweitsprache – Voraussetzungen und Konzepte für die Förderung von Kindern und Jugendlichen mit Migrationshintergrund* (229–246). Freiburg i. Br.: Fillibach.

Rösch, H. (2011). *Deutsch als Zweit- und Fremdsprache.* Berlin: Akademie Verlag.

Rösch, H. (2017). *Deutschunterricht in der Migrationsgesellschaft.* Stuttgart: Metzler Verlag.

Romaine, S. (1995). *Bilingualism.* 2. Aufl. Oxford: Blackwell.

Rosebrock, C. (2012). *Was ist Lesekompetenz, und wie kann sie gefördert werden?* Leseforum 3 / 2012. www.leseforum.ch/sysModules/obxLeseforum/Artikel/480/2012_3_Rosebrock.pdf

Rosebrock, C., Nix, D. ([7]2014). *Grundlagen der Lesedidaktik und der systematischen schulischen Leseförderung.* Baltmannsweiler: Schneider.

Rosebrock, C. et al. ([4]2016). *Leseflüssigkeit fördern. Lautleseverfahren für die Primar- und Sekundarstufe.* Seelze: Klett / Kallmeyer.

Rothweiler, M. (2007). Bilingualer Spracherwerb und Zweitspracherwerb. In: M. Steinbach et al. (Hrsg.), *Schnittstellen der germanistischen Linguistik* (103–136). Stuttgart: Metzler.

Rothweiler, M. (2016). Zum Erwerb der deutschen Grammatik bei früh sequentiell zweisprachigen Kindern mit Türkisch als Erstsprache – Ergebnisse aus einem Forschungsprojekt. *Diskurs Kindheits- und Jugendforschung*, 1 / 2016, 9–25.

Ruberg, T., Rothweiler, M. (2012). Spracherwerb und Sprachförderung in der KiTa. Stuttgart: Kohlhammer.

Sächsisches Staatsministerium für Kultus (2009). *Lehrplan Deutsch als Zweitsprache.* https://www.schule.sachsen.de/lpdb/web/downloads/deutsch_als_zweitsprache_2009.pdf?v2 (16. 05. 2017).

Schader, B. ([2]2012). *Sprachenvielfalt als Chance.* Zürich: Orell Füssli.

Scheerer-Neumann, G. ([2]2006). Entwicklung der basalen Lesefähigkeit. In: U. Bredel et al. (Hrsg.), *Didaktik der deutschen Sprache*, Bd. 1 (513–524). Paderborn: Schöningh.

Scheerer-Neumann, G. (2015). *Lese-Rechtschreib-Schwäche und Legasthenie. Grundlagen, Diagnostik und Förderung.* Stuttgart: Kohlhammer.

Schindler, K., Siebert-Ott, G. (2011). Entwicklung der Textkompetenz von Studierenden (in der Zweitsprache Deutsch) – Propädeutik, akademisches und berufsbezogenes Schreiben. In: A. Krafft, C. Spiegel (Hrsg.), *Sprachliche Förderung und Weiterbildung – transdisziplinär* (91–110). Frankfurt a. M.: Lang.

Schindler, K., Siebert-Ott, G. (2014). Schreiben in der Zweitsprache Deutsch. In: H. Feilke, T. Pohl (Hrsg.), *Schriftlicher Sprachgebrauch. Texte verfassen* (195–215). Baltmannsweiler: Schneider.

Schmid-Barkow, I. (2010). Lesen – Lesen als Textverstehen. In: H.-W. Huneke (Hrsg.), *Taschenbuch des Deutschunterrichts.* Bd. 1: Sprach- und Mediendidaktik (218–232). Baltmannsweiler: Schneider.

Schmölzer-Eibinger, S. (2007). Auf dem Weg zur literalen Didaktik. In: S. Schmölzer-Eibinger, G. Weidacher (Hrsg.), *Textkompetenz. Eine Schlüsselkompetenz und ihre Vermittlung* (207–222). Tübingen: Narr.

Schmölzer-Eibinger, S. (2012). Interaktion und kooperatives Schreiben in mehrsprachigen Klassen. Ein didaktisches Modell zur Förderung von Textkompetenz. In: M. Michalak, M. Kuchenreuther (Hrsg.), *Grundlagen der Sprachdidaktik Deutsch als Zweitsprache* (163–182). Baltmannsweiler: Schneider.

Schöler, H. (2006). Sprachleistungsmessung. In: U. Bredel et al. (Hrsg.). *Didaktik der deutschen Sprache*, Bd. 2 (898–913). Paderborn: Schöningh.

Schönenberger, M., Rothweiler, M., Sterner, F. (2012). Case marking in child L1 and early child L2 German. In: K. Braunmüller, C. Gabriel (Hrsg.). *Multilingual Individuals and Multilingual Societies* (3–22). Amsterdam: John Benjamins.

Schönenberger, M., Sterner, F., Ruberg, T. (2011). *The realization of indirect objects and dative case in German. Proceedings of 11th Generative Approaches to Second Language Acquisition (GASLA 2011).* Somerville, MA: Cascadilla Proceedings Project, 143–151.

Schroeder, C., Şimşek, Y. (2014). Türkisch. In: M. Krifka et al. (Hrsg.), *Das mehrsprachige Klassenzimmer. Über die Muttersprachen unserer Schüler* (115–133). Berlin: Springer.

Schulte-Bunert, E. (2012). Schriftspracherwerb in der Zweitsprache Deutsch. In: M. Michalak, M. Kuchenreuther (Hrsg.), *Grundlagen der Sprachdidaktik Deutsch als Zweitsprache* (118–142). Baltmannsweiler: Schneider.

Schulz, P. (2007). Erstspracherwerb Deutsch: Sprachliche Fähigkeiten von Eins bis Zehn. In: U. Graf, E. Moser Opitz (Hrsg.),

Diagnostik am Schulanfang (67–86). Baltmannsweiler: Schneider.

Schulz, P. (2015). Comprehensions of Exhaustive Wh-Questions. In: S. Armon-Lotem, J. de Jong, N. Meir (Hrsg.), *Methods for assessing multilingual children: disentangling bilingualism from Language Impairment* (76-94). Book Series: Multilingual Matters.

Schulz, P. (2013). Wer versteht wann was? Sprachverstehen im frühen Zweitspracherwerb des Deutschen am Beispiel der w-Fragen. In: A. Deppermann (Hrsg.), *Das Deutsch der Migranten. Jahrbuch 2012 des Instituts für deutsche Sprache Mannheim* (313–338). Berlin: de Gruyter.

Schulz, P., Grimm, A. (2012). Spracherwerb. In: H. Drügh et al. (Hrsg.), *Germanistik. Sprachwissenschaft – Literaturwissenschaft – Schlüsselkompetenzen* (155–172). Stuttgart: Metzler.

Schulz, P., Kersten, A., Kleissendorf, B. (2009). Zwischen Spracherwerbsforschung und Bildungspolitik: Sprachdiagnostik in der frühen Kindheit. *Zeitschrift für Soziologie der Erziehung und Sozialisation*, 29 (2), 122–140.

Schulz, P., Tracy, R. (2011). *Linguistische Sprachstandserhebung – Deutsch als Zweitsprache (LiSe-DaZ).* Göttingen: Hogrefe.

Schulz, P., Tracy, R., Wenzel, R. (2008). Linguistische Sprachstandserhebung – Deutsch als Zweitsprache (LiSe-DaZ): Theoretische Grundlagen und erste Ergebnisse. In: B. Ahrenholz (Hrsg.), *Zweitspracherwerb: Diagnose, Verläufe, Voraussetzungen* (17–41). Freiburg i. Br.: Fillibach.

Schwab, S. et al. (2014). Effekte sprachlicher Förderung sowie sozialer Aspekte auf sprachliche Lernzuwächse bei Kindern mit und ohne Migrationshintergrund im Vorschulalter. *Lernen und Lernstörungen*, 3(1), 39–51.

Sevegnani, F. (2010). „Wie nennt man diese Halse?“ Schreibgespräche als Chance für semantisch-lexikalisches Lernen. In: M. Rost-Roth (Hrsg.), *DaZ – Spracherwerb und Sprachförderung Deutsch als Zweitsprache* (237–254). Freiburg i. Br.: Fillibach.

Siebert-Ott, G. ([2]2014). Zweisprachige und mehrsprachige Schulen. In: B. Ahrenholz, I. Oomen-Welke (Hrsg.), *Deutsch als Zweitsprache.* Baltmannsweiler: Schneider.

Şimşek, Y. (2015). Die Leistungen mehrsprachiger Kinder beim Erwerb der deutschen Schriftsprache. In: C. Röber, H. Olfert (Hrsg.), *Schriftsprach- und Orthographieerwerb: Erstlesen, Erstschreiben* (280–305). Baltmannsweiler: Schneider.

Solmecke, G. (1993). *Texte hören, lesen und verstehen. Eine Einführung in die Schulung der rezeptiven Kompetenz mit Beispielen für den Unterricht Deutsch als Fremdsprache.* Berlin. Langenscheidt.

Sopata, A. (2009). *Erwerbstheoretische und glottodidaktische Aspekte des frühen Zweitspracherwerbs: Sprachentwicklung der Kinder im natürlichen und schulischen Kontext.* Poznán: Wydawnictwo Naukowe UAM.

Souvignier, E. et al. (2008). *Frankfurter Leseverständnistest für 5. und 6. Klassen.* Göttingen: Hogrefe.

Spiegel, C. (2009). Zuhören im Gespräch. In: M. Krelle, C. Spiegel (Hrsg.), *Sprechen und Kommunizieren* (189–203). Baltmannsweiler: Schneider.

Spinner, K. H. (1988). Zuhören lernen. Hinweise für den Unterricht in der Grundschule. *Praxis Deutsch*, 88, 26–27.

Spinner, K. H. (2006). Literarisches Lernen. *Praxis Deutsch*, 200, 6–16.

Spitta, G. (1992). *Schreibkonferenzen in Klasse 3 und 4*. Berlin: Cornelsen.

Stahns, R. (2016). Bildungssprachliche Merkmale von Texten und Items: Zur Operationalisierung des Konstrukts „Bildungssprache". *Didaktik Deutsch*, 41, 44–55.

Stanat, P., Baumert, J., Müller, A. G. (2005). Förderung von deutschen Sprachkompetenzen bei Kindern aus zugewanderten und sozial benachteiligten Familien: Evaluationskonzept für das Jacobs-Sommercamp-Projekt. *Zeitschrift für Pädagogik*, 51, 6, 856–875.

Statistisches Bundesamt (2014). *Bevölkerung und Erwerbstätigkeit. Bevölkerung mit Migrationshintergrund – Ergebnisse des Mikrozensus 2015*. https://www.destatis.de/DE/Publikationen/Thematisch/Bevoelkerung/MigrationIntegration/Migrationshintergrund2010220157004.pdf;jsessionid=26E84AAB2CCA69BB13AD97A20CA207B8.cae3?__blob=publicationFile (17. 3. 2017).

Statistisches Bundesamt (2016). *Zur Mehrsprachigkeit in Deutschland*. https://www.destatis.de/DE/Publikationen/Thematisch/Bevoelkerung/MigrationIntegration/Migrationshintergrund2010220157004.pdf?__blob=publicationFile (17. 3. 2017).

Steinhöfel, Andreas (2008). *Rico, Oskar und die Tieferschatten*. Hamburg: Carlsen.

Steinig, W., Huneke, H.-W. (2015). *Sprachdidaktik Deutsch. Eine Einführung*. Berlin: Erich Schmidt Verlag.

Steinig, W., Ramers, K.-H. (i. Vorb.). *Orthografie*. LinguS 7. Tübingen: Narr.

Steinig, W. et al. (2009). *Schreiben von Kindern im diachronen Vergleich. Texte von Viertklässlern aus den Jahren 1972 und 2002*. Münster: Waxmann.

Tajmel, T. (2009). Physikunterricht als Lernumgebung für Sprachlernen. In: H. Rösch, W. Knapp (Hrsg.), *Sprachliche Lernumgebungen gestalten* (139-154). Freiburg: Fillibach.

Tajmel, T. (2010). DaZ-Förderung im naturwissenschaftlichen Fachunterricht. In: B. Ahrenholz (Hrsg.), *Fachunterricht und Deutsch als Zweitsprache* (167-184). Tübingen: Narr.

Thoma, D., Tracy, R. (2006). Deutsch als frühe Zweitsprache: zweite Erstsprache? In: B. Ahrenholz (Hrsg.), *Kinder mit Migrationshintergrund. Spracherwerb und Fördermöglichkeiten* (58–79). Freiburg i. Br.: Fillibach.

Thomé, G., Thomé, D. ([2]2010). *Oldenburger Fehleranalyse für die Klassen 3–9*. Oldenburg: ISB.

Topalović, E., Michalak, M. (2012). Sprachreflexion und Grammatik zwischen DaM und DaZ. In: M. Michalak, M. Kuchenreuther (Hrsg.), *Grundlagen der Sprachdidaktik Deutsch als Zweitsprache* (226–250). Baltmannsweiler: Schneider.

Topalović, E. , Uhl, B. (Hrsg.) (2018). *Deutsch lernen. Sprechen – Zuhören – Lesen – Schreiben. Basale Sprachfähigkeiten*. Paderborn: Schöningh Verlag.

Tracy, R. (2011). Mehrsprachigkeit: Realität, Irrtümer, Visionen. In: L. Eichinger, A. Plewnia, M. Steinle (Hrsg.), *Sprache und Integration. Über Mehrsprachigkeit und Migration* (69–100). Tübingen: Narr.

Tracy, R. (2014). Mehrsprachigkeit: Vom Störfall zum Glücksfall. In: M. Krifka et al. (Hrsg.), *Das mehrsprachige Klassenzimmer: über die Muttersprachen unserer Schüler* (13–34). Berlin: Springer Verlag.

Tracy, R., Gawlitzek-Maiwald, I. (2000). Bilingualismus in der frühen Kindheit.

In: H. Grimm (Hrsg.), *Enzyklopädie der Psychologie.* Bd. 3: Sprachentwicklung (495–535). Göttingen: Hogrefe.

Tracy, R., Lattey, E. (2010). „It wasn't easy but irgendwie äh da hat sich's rentiert, net?": A linguistic profile. In: M. Albl-Mikasa, S. Braun, S. Kalina (Hrsg.), *Dimensionen der Zweitsprachenforschung* (53–73). Tübingen: Narr.

Tracy, R., Lemke, V. (2012). Young L2 and L1 learners: More Alike than Different. In: M. Watorek, S. Benazzo, M. Hickmann (Hrsg.), *Comparative Perspectives on Language Acquistion – a Tribute to Clive Perdue* (303–323). Bristol.

Truckenbrodt, H. (2014). Das Deutsche. In: M. Krifka, et al. (Hrsg.), *Das mehrsprachige Klassenzimmer. Über die Muttersprachen unserer Schüler* (35–65). Berlin: Springer.

Uhl, B. (2016). Vom Bild zum Wort – vom Bild zum Text. Wie Bilder sprachbildende Prozesse anregen können. *Grundschulunterricht Deutsch,* 1, 38–45.

Ulrich, W. (²2010). *Wörter, Wörter, Wörter. Wortschatzarbeit im muttersprachlichen Deutschunterricht.* Baltmannsweiler: Schneider.

Ulrich, W. (2011). Geschichte der Wortschatzarbeit in der Schule. In: I. Pohl, W. Ulrich (Hrsg.), *Wortschatzarbeit* (3–17). Baltmannsweiler: Schneider.

Vandergrift, L. (2007). Recent developments in second and foreign language listening comprehension research. *Language Teaching,* 40, 191–210.

Vogt, R. (Hrsg.) (2009). *Erklären. Gesprächsanalytische und fachdidaktische Perspektiven.* Tübingen: Stauffenburg.

Wandruszka, M. (1975). Mehrsprachigkeit. In: H. Moser (Hrsg.), *Sprachwissenschaft und Sprachdidaktik: Jahrbuch 1974 des Instituts für deutsche Sprache.* Düsseldorf: Schwann, 321-350.

Webersik, J. (2015). *Gesprochene Schulsprache in der Primarstufe. Ein empirisches Verfahren zur Evaluation von Fördereffekten im Bereich Deutsch als Zweitsprache.* Berlin: de Gruyter.

Weinhold, S. (2010). Effekte fachdidaktischer Ansätze auf den Schriftspracherwerb in der Grundschule: Lese- und Rechtschreibleistungen in den Jahrgangsstufen 1–4. *Didaktik Deutsch,* 27, 53–75.

Wenzel, R., Schulz, P., Tracy, R. (2009). Herausforderungen und Potential der Sprachstandsdiagnostik – Überlegungen am Beispiel von LiSe-DaZ. In: D. Lengyel (Hrsg.), *Von der Sprachdiagnose zur Sprachförderung* (45–69). Münster: Waxmann.

Wiese, H. (2012). *Kiezdeutsch. Ein neuer Dialekt entsteht.* München: Beck.

Wiese, H. et al. (2010): *Die sogenannte „Doppelte Halbsprachigkeit": eine sprachwissenschaftliche Stellungnahme.* http://www.uni-potsdam.de/fileadmin01/projects/svm/PDFs/Pressemitteilung_Doppelte_Halbsprachigkeit.pdf (16.05.2017).

Willenberg, H. (2007). Wortschatz. In: B. Beck, E. Klieme (Hrsg.): *Sprachliche Kompetenzen. Konzepte und Messungen. Die DESI-Studie* (23–42). Weinheim: Beltz.

Zaghir, R., Ishak, R. (2009). *Wer hat mein Eis gegessen? 19 zweisprachige Bücher und Hör-CD mit allen Sprachen.* Berlin: Edition Orient.

Zeldes, A., Kanbar, G. (2014). Das Arabische und das Hebräische. In: M. Krifka et al. (Hrsg.), *Das mehrsprachige Klassenzimmer. Über die Muttersprachen unserer Schüler* (135–174). Berlin: Springer.